# 옛사람의 집

# 옛사람의 집

1판 1쇄 | 2016년 05월 09일

지은이 | 박광희

펴낸이 | 모계영
펴낸곳 | 가치창조
편  집 | 박지연
디자인 | 한수림
총  무 | 이정렬

등  록 | 제406-2012-000041호
주  소 | 서울시 마포구 모래내로 7길 12, 202
전  화 | 070-7733-3227    팩  스 | 02-303-2375
이메일 | shwimbook@hanmail.net

ISBN 978-89-6301-132-5  03300

가치창조 공식 블로그 http://blog.naver.com/gachi2012

# 옛 사람의 집

박광희 지음

가치창조

작가의 말

집의 역사는 곧 땅과 사람의 역사다

집의 역사는 땅의 역사이고, 땅의 역사는 곧 사람의 역사다. 이제는 고유의 유전자, 기능이 온전히 빠져나가 버린 옛집의 속살을 헤집어 보려는 뜻은 집을, 건축물로서의 가치를 얘기하려는 것이 아니라 그 안에서 길고도 곤궁한 세월을 견뎌 내며 시대를 고뇌했던 사람의 모습을 들여다보기 위함이다.

그걸 고상하게는 인문학이라 이르기도 하는지 모르겠지만, 단지 옛집과 그 집 안의 인간의 역사를 통해 세월이 지나도 변치 않는 참가치의 모습을 들여다보고 싶었다.

지나간 숱한 세월 속에서 우리가 편리함만을 좇다 잃어버린 작은 행복들은 그 얼마나 많은가.

집은 곧 그 속에서 산 사람의 삶의 철학과 원형질이 그대로 녹아 있는 공간이다.

여기에 소개된 옛사람의 집들은 시대의 모순을 온몸으로 싸안으며 서슬 퍼런 열린 정신의 날을 벼리던 당대 최고 지성이자 선각들의 삶과 정신을 들여다볼 수 있는 공간이지만, 민초들보다 조금 더 가지고 누렸던 사회적 지배 계층의 공간이라는 한계가 있음은 커다란 아쉬움이다.

그래서 고상한 그들의 식견보다는 때론 콧등이 시큰해져 오는 연민을 갖게 하는 인간적인 편모를 들여다보려 애썼다. 사회적 지체며 머리 어지러운 사상보다는 한 집안의 아들이자 부모요, 지아비의 모습, 도타운 정을 나누던 교유 관계 일화들을 단편적으로나마 소개한 것은 다 그런 뜻에서다.

이 책에 소개된 옛사람의 집을 통해 눈 맑아지고 가슴 서늘해지는 아름다운 옛사람들과 그 땅의 역사를 만나 볼 수 있기를 기대한다.

나아가 그 역사에서 우리가 무엇을 건져 올려야 하고 배워야 할 것인가를 생각할 수 있기를 또한 기대한다.

2016년 이른 봄날에 중선(重宣) 박광희

# 목차

# 조선 황실과 덕혜옹주의
# 마지막 비운의 공간

창덕궁 낙선재

**단청하지 않은 소박함, 후원은 한국식 조경의 백미**

세계문화유산 창덕궁의 낙선재가 일반에게 개방됐다. 조선조
제24대 왕인 헌종(憲宗, 1827~1849, 재위 1834~1849)이 정비인 명헌
왕후에게서 후사가 없자 1847년 김재청의 딸을 경빈(慶嬪)으로
맞아 중희당 동쪽에 낙선재 본채와 그에 딸린 석복헌(錫福軒), 수
강재(壽康齋) 등을 지었다. 당시 낙선재 본채는 헌종 임금의 서재
겸 사랑채로 쓰였고, 석복헌은 경빈의 처소, 수강재는 순조의 비
(妃)이자 헌종의 할머니로 어린 헌종의 수렴청정이 끝난 순원왕

후 안동 김씨가 기거하던 곳이다.

　그후 순종비 윤황후, 덕혜옹주, 영왕비 이방자와 그 아들 이구 (李玖) 등으로 주인이 바뀌면서 지난 164년간 조선왕조의 몰락 등 영욕의 아픈 상채기를 쓸어안고 있는 비운의 역사 공간으로 남아 있다.


### 순원왕후 · 윤대비 · 이방자 거처

중희당 앞을 지나 동쪽 원편으로 비스듬히 돌아서면 배롱나무

정문 '장락문'에서 바라본 낙선재 본채

며 회나무, 매실나무에 둘러싸인 낙선재가 나온다. 아무런 단청
없는 소박한 민낯의 모양새가 흡사 구중궁궐의 은밀한 속살을 보
는 듯도 하고, 소복 입고 처연하게 고개 숙이고 있는 청상(靑孀)
의 모습 같기도 하다. 일반 궁궐 전각처럼 화려한 단청을 하지 않
고, 일반 사대부가처럼 소박한 외형을 갖춘 것은 헌종 임금의 뜻
에 따른 것이라고 전한다. 행여 여덟 살 어린 나이에 임금의 자리
에 올라 열 살 안팎부터 호색(好色) 행각을 일삼았던 헌종 임금이
질식할 것 같은 궁궐에서의 일탈을 꿈꾸었던 건 아닐까.

　열두 칸 행각을 거느린 정문에 들어선다. 장락문(長樂門). 바탕

칠이 얼룩얼룩 떨어져 퇴락해 보이는 그 현판 글씨는 흥선대원군 글씨다. 이 집 주인들은 그 현판 글씨의 뜻대로 얼마나 많은 즐거움을 오랫동안 누리긴 누렸을까… 하는 역설적인 부질없는 생각이 고개를 쳐든다.

장락문 대문에 서면 너른 마당을 치마폭처럼 내려 깐 낙선재 본채와 함께 그 뒤 병풍처럼 둘러친 나무들과 팔각정자가 눈에 들어온다.

낙선재는 정면 여섯 칸 중 오른쪽 한 칸이 앞으로 돌출하여 날렵한 처마를 머리에 인 누마루가 앉혀졌고, 몸채는 장대석 기단 위에 둥근 방형 초석과 기둥을 얹고 팔작지붕·겹처마를 한 전형적인 조선 시대 주택 양식을 하고 있다. 궁궐 건물로는 비원의 연경당과 더불어 유일하게 단청을 하지 않은 게 특징이다. 문짝과 문살의 다양한 무늬는 청나라 건축양식을 들여온 것이라고 전한다. 그걸 방증이라도 하듯 낙선재 현판 글씨는 청나라의 대가 섭지선의 글씨이고, 대청마루 앞 기둥에 내걸린 주련에는 추사 김정희의 스승인 옹방강의 글씨가 있다.

낙선재 본채 옆 동쪽으로는 정면 여섯 칸, 측면 두 칸의 안사랑채인 석복헌, 열다섯 칸에 5량가구의 홑처마 단층지붕을 해 인 수강재가 꽃담장을 사이에 두고 나란히 딸려 있다. 특히 수강재 후

정문 '장락문'

원에는 정면 세 칸, 측면 세 칸에 단층 팔작지붕을 한 정자형 건물인 취운정(翠雲亭)이 우람한 회나무 그늘에서 조는 듯 앉아 있다.

헌종 때 이후 본채에는 조선조 마지막 임금인 순종의 두 번째 비 순정효황후(純貞孝皇后) 윤대비가 노상궁 셋을 데리고 거처하다 1966년, 슬하에 자식 없이 입궐 60년 만에 73세로 별세했다. 수강재는 고종 임금이 엄비가 죽은 뒤 상궁인 복령당 양씨(梁氏)와의 사이에서 낳은 막내딸로 일제 정략결혼의 희생양이 된 덕혜옹주가 일본에서 귀국해 1989년 타계할 때까지 28년간 기거한 곳이다.

특히 조선왕조의 마지막 왕비인 윤대비는 한일 강제 병합과 6.25한국전쟁으로 인한 피난살이, 이승만 자유당 정권의 왕실 재산 몰수로 이곳 낙선재에서 쫓겨나 10년간 귀양살이하듯 정릉 골짜기의 '인수재(仁修齋)'라는 사가(私家)에서 늙은 상궁 서넛과 머무르며 정부의 생활보조비로 근근히 생계를 이어야 하는 굴욕을 겪으면서도 죽는 날까지 대곧게 왕실과 국모(國母)의 체통을 지키려 애썼다.

사가에 머물 무렵 불교에 귀의한 윤대비는 '대지월(大地月)'이라는 법명(法名)을 받기도 했는데, 1966년 2월 3일 73세로 낙선

누마루 사랑채 내부

을사년 춘삼월 일

허며 사후에라도 흑 됨이 업게 뢰리 잘 허기 부탁허
나니
허남나 부의 락선재에는 고연 혈육이 각 밧 일신 … 부탁
상궁들도 조방직 주이라도 마련해 주고 제사 말
룰혈 뜻허나 그것을 허며 수죽 것 최 불이 듬
부담은 안 헌다 허면은 나에게 뜻 잇난 상들은 부의
일주년에 맛치게 허며 맛일사무실에서 일 주년
며 장례 후에는 이며대로 도인 … 영가 … 물 … 고
허며 소리내여 우는 자는 배 뜻을 어기는 자이며 부탁이
되 불식으로 간단이 허며 염불소리 이외에는 조용히
뜻은 그것이 안이엿스니 형편에 따라 장례일은 허
이 오 생전에 락선재에서 세월을 흘이엿나 내 것
뜻을 밧들어 처리해 주면 나에게 보답은 다 헌 것
헌 일이 허다허나 사후에 일만은 내가 결정허니
뜻을 표허나니 생전에는 재산이 업서 마음대로 못
칠십여 세 되오니 불세계로 갈 것밧게는 업서 내
층더 세상이 허망험을 늣기엿든 중 내 나이
내듬 중에 뜻허지 안은 유이오 동란을 당허여 한
남은 여생을 오즉 불전의 귀의 허 며

순종비 윤황후의 한글 유언장

재에서 세상을 떠나기 1년 전인 1965년 봄에 한글 친필 유언장을
써서 영친왕비인 이방자에게 다음과 같이 남겼다.

남은 여생을 오즉 불전에 귀의허며, 세월을 보내는 중 뜻허지 안은 육
이오 동란을 당허여 한층 더 세상이 허망험을 늣기엿든 중, 내 나이
칠십여 세 되오니 불세계로 갈 것밧게는 업서 내 뜻을 표허나니 생전
에는 재산이 업서 마음대로 못헌 일이 허다허나 사후에 일만은 내가
결정허니 뜻을 밧들어 처리해 주면 나에게 보답은 다 헌 것이요.
생전에 락선재에서 세월을 흙이엿나, 내 뜻은 그것이 안이엿스니,
형편에 따라 장례일은 허되 불식으로 간단이 허며 염불소리 이외에

는 조용히 허며, 소리내여 우는 자는 내 뜻을 어기는 자이며, 부탁이며, 장례 후에는 이연대로 도인스님에게 영가를 해 놋코 일주년에 맞치게 허며, 만일 사무실에서 일주년 부담은 안 헌다면은 나에게 뜻잇난 사람들은 부의를 헐 듯 허니 그것으로 허며 수족것치 불이든 상궁들도 조반석죽이라도 마련해 주고 재차 말허낫니 부디 낙선재에서는 고연헐 생각 말길 진심으로 부탁허며, 사후에라도 욕됨이 업게 처리 잘허기 부탁허나니.

을사년 춘절 순종 윤황후

지난날의 영욕을 곱씹듯 감정의 격함없이 담담하게 궁서체 붓글씨로 한 자 한 자 또박또박 써내려간 이 유언장을 읽노라면 콧등이 시큰해져 오는 연민을 느끼게 된다.

생전에 마지막으로 남긴 이 길지 않은 글의 주인공이 몰락한 황실의 마지막 황후라서일까.

"생전에는 재산이 없어 마음대로 못한 일이 허다허나 사후의 일만은 내가 결정하니……" 하며 신변을 정리했던 심정이 오죽했으랴.

유언의 내용을 보면, 장례는 형편에 따라 불교식으로 치르되 소리 내어 울지 말 것이며 혼백은 도인 스님의 절에 두고 1년 탈상으로 마칠 것, 당국에서 탈상 경비를 부담치 않으면 뜻있는 사람들의 부의금으로 충당하고, 특히 수족같이 부리던 상궁들에게 제때 끼니라도 마련해 주고 낙선재에서는 일체 연기 피울 생각은 말라며 사후에라도 욕됨이 없게 해 달라고 당부하고 있다.

윤대비는 그렇게 비운의 세월을 살다 갔다.

헌종 이후 낙선재에 기거한 군왕은 순종이었다.

1917년 11월 중순 창덕궁 왕의 침소인 대조전에서 원인 모를 화재로 순종과 윤비가 부랴부랴 비원의 연경당으로 피신했다가 낙선재로 거처를 옮겼다.

낙선재로 거처를 옮긴 순종은 이듬해 봄이 되자 낙선재 뒤뜰에 있는 취운정에 자주 올라 멍하니 먼 산을 바라보거나, 그 무렵 일제에 의해 처음 일반에 공개된 창경궁의 벚꽃이며 관람객들 모습을 말없이 그윽하게 내려다보곤 했다고 한다.

하긴 일제에 의해 통치권을 잃어 무엇 하나 자신의 힘으로 할 수 없는 나라의 마지막 황제라는 비통함이 온 머리를 누르고 있었을 터이니 온전히 정신을 가누기조차 힘들었을 것이다.

그런가 하면 낙선재 뒤뜰에 당구대를 설치해 놓고 당구치기를 즐겨했는데, 그 앞에서 한 번 쓰러진 뒤에는 그조차도 접었다.

그리고 이따금 궁녀들을 불러 놓고 명현들의 전기를 읽게 하고는 조용히 듣는 일을 유일한 낙으로 삼았다고 한다.

한편 윤비는 순종이 거처하던 낙선재 본채 옆방인 석복헌에서 지냈는데 팔만대장경 등 불경들을 읽으며 소일했다.

한번 자리를 잡고 앉으면 몇 시간이고 자세를 흐트러뜨리지 않고 또랑또랑한 목소리로 깨알 같은 불경 글씨를 읽었는데, 그 목소리가 아주 맑고 고와서 모시던 상궁들조차 감탄을 자아내곤 했다고 한다.

그 석복헌 옆의 수강재는 윤비의 공부방이었다.

윤비는 가정교사를 초청해 영어, 일어, 피아노 개인 지도를 받기도 했다. 개인 교사는 테라우치 총독의 딸과 선교사들이었다. 특히 피아노 교습은 1주일에 한 번씩 받았는데, 양손을 엇갈려 가며 피아노를 치는 모습이 하도 신기해 상궁들이 기웃기웃 구경을 하기도 했다. 윤비의 이 개인 과외 공부는 순종 승하와 함께 모두 그만두고 오로지 불경 읽는 것으로 소일했다.

본래 조용한 성품에 단아한 모습을 지닌 윤비였지만 순종 임금과의 나이 차이, 무자식 등에 따른 외로움으로 때로 조바심을 내며 좌불안석하는 일이 많았고, 그럴 때면 석복헌 뜰을 서성이거나 비원을 산책하며 마음을 가라앉히곤 했다고 생전의 상궁들이 전한 바 있다.

순종과 윤비는 1920년 10월 대조전 중건 공사가 마무리돼 옮겨 갈 때까지 2년여 동안 낙선재에 머물며 망국 황제의 한을 삭였다.

그 훨씬 이전에는 명성황후 민비가 순종을 낳은 이후에도 수강재에서 온갖 산바라지를 받아가며 두 아들을 더 낳았다.

명성황후는 평소에는 경복궁에서 지내다가도 해산할 때가 되면 꼭 낙선재의 수강재로 왔다. '새집(중건된 경복궁)에서 아기를 낳으면 해산이 어렵다'는 속설을 믿기 때문이었다.

명성황후는 아들만 넷을 낳았으나 순종을 제외하고는 모두 돌전후에 잃어 일종의 트라우마에 시달리고 있어 그 같은 속설에 매달리게 했고, 유일하게 살아남은 아들 순종을 위해서는 아낌없이 재물을 쓰면서 공을 들여 1년 내내 궁궐 안에서는 순종의 무병장수를 비는 굿판이 끊이지 않을 정도였다고 한다.

영친왕 이은도 일본에서 귀국한 후 6년 6개월 동안 병원(명동성모병원) 생활만 하다 치료에 차도가 없자 그토록 그리던 낙선재로 옮겨진 직후 1970년 세상을 떠나 가톨릭 미사가 이곳 낙선재에서 행해지기도 했다.

1925년 3월 열세 살 어린 나이에 일제의 정략에 의해 강제로 일본에 보내진 고종황제의 고명딸인 덕혜옹주는 1962년 1월 고국으로 귀국할 때까지 38년간 일본에서 피폐한 삶을 살았다.

사람을 알아보지 못하는 조발성 치매증과 대마도 심주(藩主)의 아들인 소다케시[宗武志] 백작과의 강제 정략결혼과 이혼, 메이지

[明治] 대학 영문과를 나온 수재로 일본 사람과 결혼 후 해방되자마자 세상을 비관하고 가출해 현해탄에 몸을 던져 자살로 생을 마감한 딸 정혜 등등…….

파란 많은 굴곡진 삶을 살아온 덕혜옹주는 수강재에서 상궁들의 시중을 받으며 살았다. 이곳에서 머무는 동안 그녀는 아무것도 모르는 백치 상태에서 이따금 어릴 때 즐겨 부르던 노래를 흥얼거리거나, 죽은 딸의 이름을 부르기도 했다.

간혹 상궁들과 주사위 던지기 놀이도 하고 낙선재 정원을 산책하기도 했지만, 병세는 호전되지 않았다. 심지어는 가까이에서 자신을 돌보던 윤대비와 방자비도 알아보지 못하고 그렇게 망각의 세월 속에서 28년을 살다 조용히 눈을 감았다.

그리고 8일 뒤, 낙선재의 마지막 안주인이었던 방자비도 1989년 89세로 한 많은 생을 접었다. 특히 방자비는 미국 MIT공대 출신으로 줄리아라는 미국 여인과 국제결혼을 한 둘째 아들 이구(李玖)와 이곳 낙선재에서 정부 보조 생활비 60만원으로 죽을 때까지 함께 생활했다.

살아생전 방자비는 열세 살 어린 나이에 궁궐에 들어와 서른셋에 홀로된 윤대비를 늘 안쓰러워하며 '윤대비를 생각하는 시'를 남기기도 했다.

한국식 조경미의 백미로 일컬어지는 후원의 화계(花階)

동산에 봄이 와도 봄 소식을 아셨을까
첩첩이 깊은 궁에 외로이 앉았으니
애닯다 그 분 마음 뉘라서 아실건고


꽃계단 '화계(花階)'가 병풍처럼 둘러친 후원 낙선재, 석복헌,
수강재를 거쳐 뒤편으로 돌아들면 전벽돌 쪽대문으로 경계를 지
은 후원이 나온다. 이 후원은 큰 석재로 층층이 계단식으로 쌓은
화단인 화계가 병풍처럼 자리하고 있고, 이 각단의 꽃나무며 괴
석들이 장방형 몸채를 하고 있는 전돌굴뚝과 조화를 이뤄 매우

본채 대청마루에서 내다본 바깥 풍경

뛰어난 조경을 자랑한다.

특히 본채 뒤뜰 굴뚝 지붕은 기와를 잇지 않고 화계 넓이에 맞춰 좁고 긴 평면 모양을 하고 있다. 굴뚝 아래 기단부에는 테를 둘러 윤곽을 잡고, 중심에 만수무강을 비는 '목숨 수(壽)'자를 새겼는데, 글자 주위를 직선 테로 두르고 좌우를 넝쿨무늬로 장식한 뛰어난 조형미가 돋보인다.

본채 대청마루에서 뒷덧문을 열면 한눈에 펼쳐지는 사계(四季)의 향연을 보며 조선의 여인들은 어떤 생각들을 했을까. 자신들의 기구한 삶을 탄(歎)하며 눈물짓지는 않았을까……. 주인은 간

후원의 장방형 굴뚝

데없고, 어느 궁궐 숲에선가 속절없이 뻐꾸기가 그녀들의 원혼
서린 울음을 토해 내고 있다.

# 권력에 살고
# 권력에 죽다

흥선대원군의 운현궁

## 아직도 서슬 퍼런 대원군의 숨결 느껴져

대신 정원용이 의례를 갖추고 흥선군 집에 이르니 집은 황폐하여 잡
초가 우거지고 대문은 부서져 있었다. 이때 '개똥이' 이명복(고종의
아명)은 그의 형 재면과 함께 앞뜰에서 종이연을 공중에 띄우며 희
희낙락하고 있었다. 그러던 중 느닷없이 백발이 성성한 팔십 노인이
자기 앞에 가까이 다가와 허리를 굽히니 열두 살 어린아이는 놀라
뛰어 달아나다 급히 어머니인 민씨를 잡았다. 정원용이 꿇어앉아 눈
물을 흘리며 말했다.

"이 늙은 신하가 불행히 네 군왕을 섬기고, 이제 다행히도 새 군왕을

모시게 되었습니다."

어머니 민씨가 아들 명복을 쓰다듬으며 기쁨의 눈물을 머금고 말했다.

"이 어미의 목소리를 듣는 것도 오늘이 마지막이로구나."

이렇게 하여 예를 갖추어 입궐하게 되니, 홍선군 집 앞에서부터 창덕궁 돈화문 앞에 이르기까지 길가에 백성들이 늘어섰다.


이 글은 당시 개화파 박영효·김옥균과 같이 활동하던 정객(政客) 윤효정이 그의 저서 〈풍운한말비사(風雲韓末秘史)〉에서 '개똥이'가 왕(고종)으로 추대되어 입궐하는 모습을 기록해 놓은 것이다. 누가 알았으랴, 황폐하여 잡초가 우거지고 대문이 부서진 몰락한 왕실 방계의 코흘리개 왕손(王孫) 개똥이가 왕이 될 줄을……. 그리고 가난을 밥 먹듯 하며 흡사 '초상집 개꼴'로 안동 김씨 세도가집 대문을 기웃거리던 개똥이 아비 홍선군(興宣君) 이하응(李昰應, 1820~1898)이 대원군(大院君)의 자리에 올라 세상을 호령하리란 것을……. 이날부터 서운관(書雲觀, 혹은 관상감으로 오늘날의 기상청과 같음) 고갯마루에 자리하고 있던 운현궁이 구한말 정치 무대의 중앙으로 떠올라 파란과 풍상의 역사 현장이 된다.


서울 종로 낙원상가에서 떡집 앞을 지나 현대사옥 쪽으로 30여 미터 올라가면 큰길가에 운현궁이 자리하고 있다. '운현(雲峴)'

이란 이름은 서운관이 있던 고개란 뜻의 지명에서 따온 것이다.
실제 지금의 계동 현대사옥 정문 왼편에 관상감(觀象監) 터 기념
표지석이 세워져 있기도 하다.

운현궁은 고종 황제 즉위 이듬해인 1864년 노락당과 노안당이
준공되면서 조성되기 시작해 1870년 이로당이 완공되면서 본모
습을 갖추었다.

조성 초기에는 아재당(我在堂)과 흥선군의 할아버지 은신군(恩
信君), 아버지 남연군(南延君) 사당을 포괄해 전체 담장 둘레가 몇
리(里)에 이르는 규모여서 가히 황제가 거처하는 궁궐에 비길 만

했다.

궁(宮)이란 명칭은 고종이 왕이 되기 전까지 머무르던 잠저(潛邸)였다는 데서 얻은 것이다.

실제로 대원군에 대한 예우는 군왕에 못지않았다. 창덕궁과 운현궁 사이에는 황제(고종) 전용 통로인 경근문(敬謹門)과 흥선대원군이 창덕궁과 운현궁을 자유자재로 출입할 수 있는 전용문인 공근문(恭勤門)을 설치했고, 대원군이 운현궁에서 들고 날 때에는 삼영(훈련도감, 금위영, 어영청)의 장교 각 한 명과 군뢰(호위병) 다섯 쌍씩을 출동시켜 호위케 했을 뿐만 아니라 고관대작들에게는 자진해서 운현궁에 가 문안 예절을 갖추게 해 그 위세가 하늘을 찌를 듯 했다.

한말 야사를 기록한 황현의 〈매천야록(梅泉野錄)〉의 기록에 따르면, "운현궁이 위치한 서운관 재[峴], 즉 운현에는 왕기가 서려 있으므로 성인 난다."는 동요가 철종 초기부터 민간에 떠돌기도 했다고 전한다.

아무려나 흥선대원군은 자신의 아들인 어린 고종을 대신해 섭정에 나서 10여 년 세월 동안 국정을 손아귀에 틀어쥐고 쥐락펴락하며 무소불위의 권세를 누린다. 그가 끊임없이 그의 목을 조이는 정적들의 암살 위험 속에서도 굽힘 없는 기개를 펼쳤던 곳

흥선대원군이 거처하던 운현궁 사랑채 '노안당'과 조복차림의 흥선대원군

이 운현궁의 사랑채인 노안당(老安堂)이다.

### • 노안당(老安堂)

흥선대원군의 주 기거 공간이었다. 대문을 들어서면 행랑채
에 에워싸인 노안당이 저만치 눈에 들어오는데, 흡사 지금이라도
"어흠!" 하는 흥선대원군의 헛기침이 울려 나올 것만 같은 범상
치 않은 분위기를 거느리고 있다.

아직도 서슬 퍼런 흥선대원군의 숨결이 느껴지는 정면 여섯
칸, 측면 세 칸으로 되어 있는 전형적인 한식 기와집이다. 처마

끝에 각목을 길게 대어 차양을 단 것이 특징이라면 특징이다.

노안당의 현판 글씨는 추사 김정희의 글씨를 흥선대원군이 집자한 것이라고 전한다.

대원군은 몰락한 왕손으로 '파락호(破落戶)' 소리를 들으며 '초상집 개' 꼴로 안동 김씨 세도가 문전을 기웃거리며 천대와 멸시를 받았다. 그렇기에 흥선군의 미망은 쉽게 그 끝을 헤아리기가 어려웠다.

흥선군은 남연군의 아들 4형제 중 막내아들이다.

남연군은 인조(능창대군)의 후손으로 정조 임금의 동생인 은언군의 양자로 입적된 형편이었으니, 엄밀히 말하자면 가까운 왕실 종친은 아니었다.

그런데도 왕실 후손으로 억지 춘향으로 이리저리 꿰어 맞추면 흥선군은 철종과 육촌 간이 되었다. 그러나 아버지 남연군이 천하의 난봉꾼으로 소문이 나 왕손이긴 하되 세도가 안동 김씨들의 주목 대상에서는 이미 벗어난 상태였으니, 흥선군을 비롯한 그 아들들 역시 마찬가지로 왕실에서는 찬밥 신세나 마찬가지였다.

그러나 영특한 흥선군은 달랐다. 안동 김씨들의 모진 멸시 속에서도 야망을 감추며 때를 기다렸다. 그러던 중 '강화도령' 철종이 왕위에 오른 지 14년 만에 아들 없이 병석에 눕자 "관상감이

1864년 9월, 노안당과 노락당 낙성식에 참석한 황금색 당의 차림의 조대비와 철종비, 부대부인 민씨가 담소하는 모습이 실물 크기로 노락당 내실에 재현돼 있다.

있는 운현에 왕기가 있다."는 소문을 장안에 퍼뜨리고, 순조의 세자 익종의 비이자 헌종의 어머니로서 당시 섭정을 하고 있던 조대비를 회유, 자신의 둘째 아들 명복으로 하여금 왕위를 잇게 해 그야말로 천운(天運)을 연다.

조대비가 전지를 내린다.

"흥선군의 둘째 아들로 익종대왕의 대통을 잇게 하라……."

이렇게 해서 이명복을 흥복군(興福君)에 봉함과 동시에 왕으로 추대했으며, 아울러 흥선군을 대원군, 흥선군 부인 민씨를 부대부인에 봉하고 흥선군 자택을 운현궁으로 명명했다.

그리고 얼마 지나지 않아 조대비가 전지를 내렸다.

"새 왕(고종)은 아직 나이가 어리고 전 왕비는 늙어 식견이 없으며, 외척 조씨(풍양 조씨)들에게 국정을 전담하게 하면 반드시 지난날처럼 될까 두렵다. 나라 정사가 가장 시급하니 대원군을 모셔 국정 운영을 도모하게 하라."

이리하여 대원군이 가마 탄 채로 대궐에 출입하는 것이 허락되었다. 바야흐로 그토록 바라던 '운현궁의 봄'이 오고 흥선대원군 시대가 환하게 열린 것이다.

이날 이후 운현궁 바깥 솟을대문 북쪽 마구간에는 매일 조죽만 먹는 큰 말이 수십 필이요, 안 솟을대문 밖에는 초헌, 평교자와 은비단 안장 수백 개가 오랜 시간 줄지어 머물러 있었다.

이렇듯 운현궁 문 앞은 어깨가 서로 부딪혀 닳을 정도로 사람들이 들끓고 수레바퀴 맞부딪히는 소리가 요란했다. 세도를 누렸던 안동 김씨 일족은 운현궁의 위세를 일러 "하늘과 운현궁 지붕과의 거리가 다섯 자에 지나지 않는다."고 일갈했다.

이렇듯 하늘을 나는 새도 떨어뜨릴 권세를 한 손에 틀어쥔 대원군이었지만 고민거리가 하나 생겼다.

바로 왕비 책봉 문제였다.

아무리 골똘히 생각해 봐도 왕실의 조대비와 김대비의 뜻이 어떤지 알 수 없었고, 철종 탈상 후에는 반드시 왕비 책봉 문제가 제기될 것이었다.

그러니 미리 준비하지 않으면 누군가 간택되어 입궐하게 될 경우 그에 따른 외척의 발호를 생각하지 않을 수 없었다.

이 문제는 그야말로 자신과 운현궁의 흥망이 달린 문제이니 어떻게든 자신이 미리 왕비를 정해 밀어붙이지 않으면 안 될 상황이었던 것이다.

이런 걱정으로 대원군이 전전긍긍하자 부대부인 민씨가 물었다.

"요즘 편안하지 않아 보이시니 무슨 걱정거리라도 있으십니까? 혼자만 그렇게 고민하지 마시고 상의하시면 치마 두른 무식한 아녀자가 무엇을 알겠습니까마는 제가 아는대로 좋은 방법을 말씀해 드릴 수도 있을 듯 합니다."

대원군이 한참을 묵묵히 듣고 있다가 가슴속에 품고 있는 속뜻을 모두 털어놓고 이야기하니 부인 민씨가 골똘히 생각하다가 입을 뗐다.

"그 문제라면 염려 놓으십시오, 제가 한 가지 방법을 말씀드리지요."

"어디 한번 들어 봅시다."

"제 친정 집안에 민치록이란 자가 있는데, 집안이 가난한 데다 아들 없이 딸 하나만 두고 죽었지요, 그 딸아이가 제게는 사촌 여동생이 되는데 올해 나이가 열여섯으로 천성이 지순하니 이 아이를 왕비 간택에 들게 하는 것이 어떨지요, 간택이야 대감께서 적당히 밀어붙이시면 될 것이고, 고아나 다름이 없으니 외척의 발호는 염려하지 않아도 될 것입니다. 대감께서 한번 깊이 생각해 보시고 처분하십시오."

"부인의 생각은 참 좋소만 미처 생각하지 못한 것이 있소. 그 규수가 아무리 부인의 친자매가 아니라고는 하나 누이 동생인 것은 매한가지요, 전하(고종)로 보면 생모의 여동생이니 이모 · 조카 지간이 되지 않겠소?"

"그건 천만부당한 말씀이십니다. 역대 왕조에 이와 같은 일이 많으니 그 점은 조금도 염려하지 마십시오. 전하가 입궐하기 전에 그 규수를 좋아해 이모라 부르며 따르기도 했지만, 그저 예의상 그리했던 작은 일에 지나지 않으니 그 규수로 결정하십시오."

대원군이 거듭 생각해 보니 정말 관계가 없는 일이어서 그렇게 하겠다고 결심하니 이때부터 부대부인 민씨가 숙모집에 대한 정리를 한결 도탑게 하며 집안을 살펴 주었다.

이날 이후로 대원군은 왕비 간택에 대한 걱정을 접고, 조정을 장악하리라 굳게 마음먹었다. 그리하여 철종 탈상과 함께 왕비 간택 문제를 꺼내고는 민치록의 딸을 내정했다는 것을 발표했다.

그러나 "매우 좋다."고 반기는 사람이 있는 반면에 "부모 없는 가난한 집 규수로 성장하여 견문이 적고 부덕은 어떤지 알 수 없으니, 한 나라의 국모로서는 추천할 수 없다."면서 반대하는 사람도 많았다.

그런가 하면 고종과 이 규수의 사주를 들어 반대하는 이들도 있었다.

그럼에도 불구하고 대원군이 자기 뜻을 굽히지 않고 간택의 예를 행하게 하니, 명문거족 그 누구도 감히 이의를 제기하지 못했다.

그리하여 1886년 여름, 민치록의 딸을 왕비로 책립하니 고종의 나이 열다섯이요, 왕비의 나이 열여섯이었다.

대원군의 권력에 대한 야욕으로 부원군(府院君: 임금의 장인) 없는 국혼(國婚)이 치러지게 된 것이다.

철종의 삼년상이 끝나기를 기다렸다가 탈상 후 마침내 운현궁에서 가례를 거행하니, 이 왕비가 조선말 최고의 '여걸 민비' 명성황후다.

이렇게 착한 인연으로 출발한 시아버지 대원군과 며느리 명성황후의 관계는 대원군의 권력욕과 그에 따른 마찰로 갈등의 골이 깊어져 1874년(갑술년)부터 1895년(을미년)까지 무려 22년간 조선 정계를 수많은 사건의 회오리에 휘말리게 한다.

대원군은 그토록 갈망하던 권좌에 오르자 조정을 장악하고 전면적인 국정 개혁에 착수했다. 어쩌면 그것은 지난 세월 자신이 받은 멸시와 천대 속에서 곱씹어 오던 한풀이 같은 것이기도 했고, 운현궁은 바로 그 산실이었다.

대원군은 작심하고 조정 내각을 전면 개편하는 인사를 단행한 다음, 먼저 안동 김씨 세도가 일파를 거세하고 당쟁의 악습을 없애기 위해 소위 4색(남,북,노,소)을 신분, 계급, 출신지의 차별 없이 평등하게 등용했다. 그리고 외척 세도와 탐관오리를 척결하고, 지방 토호들의 백성 수탈과 학대를 엄금했다.

특히 당시 당쟁의 소굴이요 국가 재정을 축내고 국정을 어지럽히는 유생(儒生)들의 본거지인 서원을 철폐했다.

전국의 서원 중 도산서원, 소수서원 등 47개소만 남기고 600여 개소를 철폐시켰다.

지방 유생들이 이에 강력히 반발했으나 대원군은 "공자가 다시 살아나서 나를 위협한다 해도 이 정책을 끝까지 밀고 나갈 것이다." 라며 뜻을 굽히지 않고 밀어붙였다.

한편 대원군은 긴 도포 자락에 뇌물을 숨겨 다니는 관행을 없애기 위해 기강을 확립한다며 길게 늘어지는 도포 자락을 짧게 자르게 하기도 하였고, 긴 담뱃대도 짧게 잘라 담배를 피우게 했으며, 긴 갓도 크기를 작게 줄이게 하는 등 사치와 부정부패를 엄금하는 의식개혁운동에도 적극적이었다.

그 밖에 〈대전회통〉 〈육전조례〉 〈삼반예식〉 〈오례편고〉 〈종부조례〉 등 법전을 편수케 해 정치 기강 확립과 중앙 집권 체제 구축을 도모했다.

더 나아가서는 의정부 부활과 비변사 폐지, 군국기무를 관장하는 삼군부(三軍部)를 두어 정권과 군권을 분리하는 등의 군제를 개혁하고, 경복궁 중건으로 소모된 국가 재정 확보를 위해 군포제(軍布制)를 호포제(戶布制)로 세제를 고쳐 양반 상민 구별 없이 균등하게 세금을 부과시켰다.

또한 지방 수령과 토호의 농간이 가장 심했던 환곡제를 사창제(社倉制)로 개혁해 환곡을 합리적으로 운영하게 한 점 등 삼정을 바로잡고 백성의 생활 안정을 꾀하려 한 것은 실로 획기적인 개혁이었다.

그러나 무리한 경복궁 중건으로 민생이 도탄에 빠지고 천주교 탄압과 쇄국정책으로 인한 대외 관계 악화는 외세와의 잦은 충돌을 야기시켰으며, 조대비, 민비와의 알력, 유림들의 불만 고조로 인해 10년 섭정에 종지부를 찍는 불운을 맞게 된다.

대원군의 실각과 함께 '권력의 심장부'였던 운현궁은 시나브로 쇠락의 길을 걷게 된다.

대원군은 자신의 아들이 왕이 되어 자신의 노년을 편안하게 보내게 되었다는 뜻과, 노인들을 편하게 모셔야 한다는 치국(治國) 이념을 이곳에서 발현시키려고 했으나 아집과 독선이 강해 그 선한 뜻이 그의 실각과 함께 사위고 말았다.

### • 노락당(老樂堂)

운현궁의 중심 건물로 정면 열 칸, 측면 세 칸 규모다. 1866년 왕비의 삼간택이 끝난 후 왕비로 간택된 열여섯 살의 명성황후 민비가 왕비 수업을 받던 곳이자 고종과 민비의 가례가 행해진 곳이기도 하다. 당시 왕실 외척 안동 김씨 세도가의 정점에 있던 김병학은 "노락당이 높아 하늘과의 차이가 한 자 다섯 치밖에 안 된다."고 대원군의 위세를 비유했다.

노락당 뒤뜰에는 정갈하게 치장된 우물과 잘생긴 돌절구가 있고, 담장 바로 앞에는 경백비(敬栢碑)라는 비석이 하나 서 있다.

운현궁 안채 '이로당' 전경.
흥선대원군은 이곳에서 부인과 함께 따뜻한 노년을 보내기를 갈망했는지 모를 일이다.

이 비는 고종이 왕이 되기 전 어린 시절에 타고 오르며 놀던 잣
나무가 있던 자리고, 그 고마움을 잊지 못해 왕위에 오른 후 이
잣나무에게 2품 품계의 벼슬을 내린 것을 기념해 세운 것이다.

### • 이로당(二老堂)

노락당의 불편함으로 인해 새로 지은 운현궁의 안채다. 정면
여덟 칸, 측면 일곱 칸으로 된 금남(禁男) 지역이다. 그런 까닭에
노락당은 사랑채인 노안당과 연결돼 있지만, 이 공간만큼은 '미

음(ㅁ)자' 모양으로 형성돼 있다. 운현궁 안살림 주인이 누구의 간섭 없이 기거하던 공간이다.

이 운현궁은 흥선대원군의 실각과 조선왕조의 멸망, 일제의 침탈과 8 · 15해방, 6 · 25전쟁을 겪으면서 파란 많은 세월을 보내면서, 해방 후 이승만 정권에 의해 왕실 재산 모두가 국가 소유로 귀속되는 상황 속에서도 개인 재산으로 살아남아 지난날의 영욕을 곱씹고 있다.

# 기념관과 척화비

운현궁 사랑채와 안채를 두루 돌아보고 나오면 기념관을 만난다. 기념관이라기엔 작은 규모지만 대원군의 유품과 행적을 두루 살필 수 있는 공간이다.

"귀한 자식을 낳아 나라의 대통을 잇게 해 종사에 큰 공을 이루고, 옛 궁궐을 중건하여 주변의 이목을 일깨움은 국가를 중흥시킴이며, 서원을 철폐하여 선비의 기를 꺾고 좌절시키니 중국 진시황의 분서갱유에 비길 만했다. 그뿐 아니라 프랑스 함대가 국경을 세 번이나 침입했으나 한강에는 한 발짝도 들여놓지 못했다. 이렇듯 외세를 배척하는 위정척화의 공을 자기 임무로 하여 1만 명 이상의 천주교도들을 죽이고 대학과 종로거리 그리고 전국 360주에 있는 명륜당에 위정 척화비를 세웠다."

한말의 정객 윤효정이 대원군에 대해 논공을 한 말이다. 바로 이 척화비가 이 기념관 한 구석에 유령처럼 전시돼 있다.

"서양 오랑캐가 침범하니 싸우지 않으면 화해할 수밖에 없고 화해를 주장하는 것은 곧 나라를 팔아먹는 것이다. 이로써 만대 자손에게 경계하게 하노라. 병인년에 짓고 신미년에 세우다."

길이 넉 자 다섯 치의 화강석 비석은 1871년에 세운 뒤 군국기무처에 의해 24년 만에 폐기되는데, 1925년까지 남아 있는 것들 여럿이 발견되기도 했다.

# 6칸 대청에 흐르는 예술혼

김정희의 추사고택

**영조 임금 명으로 53칸 지어 기둥의 주련에선 예향(藝香) 물씬**

남도의 화선(畵仙) 소치 허련(小癡 許鍊, 1809~1892)이 136년 전 일흔 살의 노구를 이끌고 '주머니를 털어 엽전 한 꿰미로 죽순과 포(脯) 등 제수를 마련해' 들고 스승인 추사 김정희(秋史 金正喜, 1786-1856)가 세상을 뜬 지 22년 만에 눈물로 돌아보던 추사의 옛 집을 오늘에서 찾아간다.

가을색에 젖어 있는 고택의 솟을대문을 들어서니 연보랏빛 쑥부쟁이꽃들이 마당 한편 담장 밑에서 하늘대며 낯선 객을 맞는다. 사랑채 대청마루 앞의 모란은 꽃이 진 지 이미 오래다.

행정구역상으로는 충남 예산군 신암면 용궁리. 옛적엔 왕자지(王子池)로도 불렸던 것으로 보아 꽤나 상서로운 택지(宅地)가 아니었나 싶다. 이 추사의 옛집은 추사의 증조부 김한신이 영조대왕의 둘째 딸인 화순옹주와 혼인하면서 월성위(月城尉)에 봉해진 후 영조대왕의 특명에 의해 1700년대에 지어졌다. 당시 영조는 충청도 53개 고을에 건축 비용을 분담하라고 명하여 53칸짜리 저택을 짓게 했던 것인데, 지금의 모습은 본래 크기의 절반 규모로 줄여 복원한 것이다.

고택은 전체 304.47제곱미터(약 93평)로 안채와 사랑채, 그리고 문간채와 안채 뒷편의 사당채로 구성돼 있다. 솟을대문을 들어서면 너른 마당을 끼고 있는 사랑채가 'ㄱ자'로 자리 잡고 있다. 조선 시대의 주택 구조는 유교적 윤리 관념에 근거해 안채와 등을 돌리듯 엄격하게 구분돼 있다. 남쪽에 한 칸, 동쪽에 두 칸의 온돌방이 있고, 나머지 공간은 대청과 툇마루다. 이처럼 마루 공간이 큰 것은 집주인의 사회 활동과 예술 활동을 위한 것이라는 것을 단번에 짐작할 수 있다.

대문을 따로 둔 안채는 여섯 칸의 넓은 대청과 두 칸의 안방, 건넌방이 있고, 안방·건넌방에 딸린 부엌과 협문, 광 등을 갖춘

‘ㅁ자형’ 집이다. 안방과 건넌방 문밖은 각각 툇마루가 딸려 있고 부엌 천장은 다락으로 되어 있다. 대문 왼편에 곳간으로 쓰였던 듯 ‘농상실(農祥室)’이란 현판을 내건 공간도 눈길을 끈다. 특히 그리 흔치 않은 여섯 칸 대청의 규모며 ‘ㅁ자형’ 가옥 구조가 전형적인 조선조 중부지방의 소위 ‘대갓집’형이란 걸 알 수 있다.

안채 뒷편 야트막한 둔덕에는 쪽문이 딸린 사당채가 자리 잡고 있다. 이 사당채 ‘추사영실(秋史影室)’은 추사가 죽은 뒤 지은 것인데, 지을 때 추사의 절친으로 영의정을 지낸 권돈인(權敦仁, 1783~1859)이 추사의 제자 이한철에게 영정을 그리게 하고, 자신

바깥 정경

은 '추사영실' 현판을 썼다.

이 옛집 안채와 사랑채에는 '만수무강(萬壽無疆)' '무량수(無量壽)' '죽로지실(竹爐之室)' 등의 추사 글씨 탁본, 국보 제180호인 세한도(歲寒圖) 영인본 액자가 걸려 있고, 기둥마다 추사 글씨 주련이 걸려 있어 물씬한 추사의 숨결을 온몸으로 느끼게 해 준다.

## 파란 많은 인생 역정

추사는 그의 탁월한 예술·학문의 세계와는 달리 가족사와 개인사는 파란의 연속이었다. 그는 아버지(생부) 김노경의 막내아들이어서 아들이 없는 큰아버지 김노영에게 양자로 입양됐다. 가문의 대를 잇기 위함이었는데, 이때가 여덟 살 때였다.

이때 추사가 생부인 김노경에게 보낸 편지글이 전한다.

굽어 살피지 못하는 한여름에 어떻게 지내셨습니까.

사모하는 마음이 간절합니다. 소자는 (어른을) 모시고 책읽기에 한결같이 편안하오니 걱정하지 마시옵소서. 백부께서는 이제 막 행차하시려고 하는데, 장마가 아직도 그치질 않았고 더위도 이와 같으니 염려되고 또 염려되옵니다.

동생 명희와 어린 여동생은 잘 있는지요. 제대로 갖추지 못합니다. 굽어 살펴 주시옵소서. 이와 같이 사룁니다.

계축년(1793) 유월 초열흘 아들 정희 아룀


이제 겨우 여덟 살 먹은 어린아이의 편지글이라고는 믿기지 않을 정도로 어른다운 의젓한 속내와 예의범절을 두루 갖추고 있음을 엿볼 수 있다.

뿐만 아니라 생부와 양부의 안부를 함께 묻고, 자신은 어른들을 모시고 공부 잘하고 있으니 염려치 말라며 생부를 안심시키는 마음 씀씀이가 자못 진중하다.

어려서부터 추사는 그렇게 명민한 아이였다.

그의 생모는 기계 유씨로 1801년 서른넷의 젊은 나이로 사망했다. 함경도 관찰사의 딸로 서예에 탁월한 재능을 가지고 있었던 것으로 알려져 있는데, 아마도 추사가 이러한 생모의 예술적 재능을 물려받지 않았나 싶다.

열두 살 때 양부인 김노영이 죽고 난 뒤 열다섯 살에 동갑내기인 한산 이씨와 혼인했으나 5년여 만인 20세 때 그 아내와 사별했다. 그리고 스물두 살 때 예안 이씨와 재혼했으나 슬하에 자식 없이 추사가 제주도에 유배 중이던 57세 때 세상을 떠났다. 두 번째 부인에게서도 자식이 없자 가문의 대를 잇기 위해 서른두 살 때 소실(첩)을 들이는데, 그 소실에게서 서자인 상우(商佑)가 태어난다. 비록 서자이긴 했지만 추사는 이 아들을 끔찍이 위했다. 그 아들을 아껴 〈동몽선습〉 책을 직접 써서 묶어 주면서 당부의 가르침을 잊지 않았다.

이 글이 비록 〈동몽선습〉이라는 이름으로 되어 있지만 뜻하는 바가 간결하고 본말(本末)을 정밀하게 하여 이른바 지각자(知覺者)라 하더라도 평소에 익히고 읽어도 다하지 못함이 있을 것이다.

어찌 책이름이 몽학(蒙學)이라고 한 데 그치리요, 너는 열심히 읽고 그 가르침에 따르고 꼼꼼히 생각하고 힘껏 실천하면 사람의 도에 이를 것이니 열심히 공부할지어다.

경진년(1820) 5월 초승달이 뜬 지 사흘이 지난 계유일(6일) 아비 쓰다.

그는 벼슬길도 순탄치 않았다. 서른넷의 나이에 문과에 급제하면서 본격적인 벼슬살이에 나섰으나 병조·형조참판을 지낸 이후 말년에는 유배 생활로 피폐한 삶을 살았다. 쉰다섯부터 8년간의 제주도 유배, 예순여섯부터 2년간의 함경도 북청 유배 등 10년간의 유배 생활은 노쇠한 그의 몸과 마음을 더욱 지치게 했다.

그런 가운데서도 친구와 돈독한 우정을 나누며 그 우정에 기대어 흐트러진 자신의 몸과 마음을 다스리려 애썼다.

특히 이재 권돈인은 추사가 30대 중반부터 사귄 친구지만 죽마고우와 같은 우정을 나누었다. 추사의 〈완당집〉에는 추사가 권돈인에게 보낸 편지 35통이 전해지고 있는데, 서예와 그림 그리고 자신의 신세 한탄까지 당시 추사의 삶에 대한 거의 모든 일들이 편지글 속에 담겨 있다.

혹독한 유배 생활로 심신이 무너져 내릴 때마다 추사는 체면 가릴 것 없이 권돈인을 찾아 응석받이에게 푸념 늘어놓듯이 주절주절 속내를 털어놨다.

제주도 대정 유배지에서 권돈인에게 보낸 편지를 보자.

입과 코에 남은 병기가 또 눈에 발작하는데, 이것은 오로지 풍화(風火) 작용으로서 어떻게 억제할 도리가 없소. 여러 해 동안 축축하고 더운 땅에서 생기는 독한 기운이 서로 발작하여 눈이 마치 안개 속에 있는 것처럼 희미해 보이고 어른거려서 흑백을 쉬 분간치 못하고, 밥을 먹을 때에는 국물인지 고깃점인지조차 분간치 못해 반드시 사람이 옆에서 알려준 다음에야 비로소 그 안내에 따라 밥을 먹을 수가 있소……〈중략〉 보내 준 인삼은 주는 대로 사양치 않고 받아서 마치 제가 본래부터 가지고 있었던 물건처럼 복용하고 있으니 이 무슨 공덕이란 말이오.

만일 지난번에 보내 준 것으로 바짝 마른 창자를 적셔 주지 않았더라면 이 실낱같은 아둔한 목숨을 지금까지 연명시킬 수 없었을 것이오.

요즘에 그것이 떨어졌는데 또 계속해서 대 주는 성대한 은덕으로 끊임없이 감로수를 정수리에 부어 주니 우러러 감사할 따름이오.

이렇듯 권돈인은 변함없는 마음으로 추사의 귀양 생활 뒷바라지를 하면서 담배며 부채, 붓과 벼루, 인삼 등을 보내 주기도 했다.

뿐만 아니라 두 사람은 편지로 학문을 이야기하고 글씨와 그림 이야기를 주고받으며 더 할 수 없이 끈끈하고도 돈독한 우정을 이어 나갔다. 추사는 시시콜콜한 집안일까지 아무 거리낌 없이 권돈인에게 털어놓기도 했다.

그 우정이야말로 추사가 9년간의 유배 생활을 버텨 낼 수 있게 한 커다란 힘이 됐다.

한때 추사가 사도세자의 형 진종의 위패를 모시는 문제로 권돈인의 예송(禮訟: 예절에 관한 소송)에 휘말려 함경도 북청에 유배되었을 때에도 추사는 오히려 친구 권돈인이 가졌을 자신에 대한 미안함을 씻어 주려 애쓰면서 유배에서 풀려나게 된 것에 대한 감사의 편지를 보내기도 했다.

권돈인은 추사가 죽은 후에도 추사와 연관이 있는 일들을 꼼꼼히 챙겨 추사가 죽은 지 6개월이 지나서 누명을 벗고 복권될 수 있게 했다.

추사가 죽었을 때 아들 상무가 예산의 추사고택 안에 추사 영정을 모실 사당을 지을 때, 권돈인이 나서 추사의 제자 이한철에게 영정을 그리게 하고 자신은 '추사영실'이라는 사당 현판 글씨를 직접 썼다. 그리고 추사를 기리는 절절한 애도의 글도 제문(祭文)으로 남겼다.

슬프도다! 선생이시여! 캄캄한 밤의 밝은 달, 비 온 뒤의 밝은 햇살, 상쾌한 바람 같은 존재시여! 순수하고 아름다운 옥과 같은 인격이시여! 실사구시 하는 학문은 산처럼 높고, 바다처럼 깊습니다…… 공자님 말씀에 "세상이 받아 주지 않은 다음에야 비로소 참다운 군자의 모습을 볼 수 있다."고 하셨는데, 선생이야말로 그러하셨습니다.

추사와 각별한 교분을 나눴던 인사로 빼놓을 수 없는 인물이

승려 의순(1786~1866) 곧 초의선사다.

초의는 추사와 서른 살 무렵에 다산 정약용의 아들인 정학연의 소개로 처음 만나 죽을 때까지 40여 년간 우정을 나눈 동갑내기였다.

이 두 사람의 우정은 추사가 초의보다 10년 앞서 세상을 떠나면서 갈라졌다. 초의는 추사가 죽은 지 2년 뒤인 1858년 홀로 추사의 사당에 찾아와 제문을 써 바쳤다.

> 슬프다, 선생이시여! 42년의 깊은 우정을 잊지 말고 저세상에서는 오랫동안 인연을 맺읍시다. 생전에는 자주 만나지 못했지만 도에 관한 이야기를 나눌 때면 그대는 마치 폭우나 우레처럼 당당했고 정담을 나눌 때는 그대는 참으로 봄바람이나 따스한 햇볕 같았지요.
> 손수 달인 뇌협 설유차를 함께 나누며 슬픈 소식을 들으면 그대는 눈물로 옷깃을 적시곤 했지요. 살아생전에 이야기 나누던 그대 모습 지금도 거울처럼 또렷하여 그대 잃은 나의 슬픔을 이루 다 헤아릴 수 없습니다.

추사는 조선 후기 왕실과 사돈을 맺은 명문가 출신이라는 성장 배경이 있었음에도 순탄치만은 않은 생을 살았다. 그럼에도 불구하고 독보적인 자신만의 예술 세계를 구축할 수 있었던 것은, 타고난 탁월한 재능에 빛을 더해 준 폭넓은 인간관계에 있다. 그 대표적인 인물이 이재 권돈인, 우선 이상적, 초의선사, 소치 허련, 중국 청나라 때 학자로 당대 금석학의 최고봉이었던 팔순의 스승 옹방강과 완원 등이다.

권돈인·초의선사가 죽마고우 같았던 친구였다면, 우선 이상적과 소치 허련은 추사가 마음을 기대던 제자였고, 옹방강과 완원은 국경을 초월해 나누던 스승이었다.

추사가 스물다섯 살이던 1810년 아버지를 따라 중국 연경에 갔을 때 완원과 옹방강을 처음 만났다.

이들은 중국에서 경학과 금석학, 천문, 지리 등 다방면에 걸쳐 당대 최고로 평가 받던 대학자들이었다.

당시 완원이 47세, 옹방강은 84세로 추사는 이들을 스승으로 삼고 편지로 그들의 앞선 학문을 배웠다. 특히 당대 최고의 금석학자였던 옹방강은 아들 둘을 추사와 연을 맺게 해 추사를 자신의 손자의 의부로 삼았다.

훗날 추사가 북한산에 있는 진흥왕 순수비를 고증하고 역저 〈금석과안록〉을 완성하기에 이른 것도 옹방강과의 교유 이후 터득해 갈고닦은 고증학이 바탕이 된 실증 학문적 성과였다.

그는 유배 중에도 정신을 곧추세우고 그만의 예술 세계를 구축, 유배 중에 저 유명한 '세한도'를 완성하기도 한다.

십이 년의 피폐한 유배 생활을 포함해 갖은 풍상 속에서도 추사는 흡사 자신의 존재 이유 확인처럼 끝없이 예술혼을 피워 올렸다.

실상 자신의 신산한 마음을 누일 수 있는 것은 오로지 그림과 글씨였다. 그 허구 많은 기념비적인 작품들 중에서 추사의 만년 풍정을 살필 수 있는 것이 유명한 '세한도'다.

국보 제180호로 지정돼 있는 이 그림은 추사가 59세로 제주도 대정에 유배돼 있을 때인 1844년 애제자 우선 이상적에게 그려 준 것이다.

이 그림은 절제된 문인화의 품격을 가장 잘 갖춘 작품의 하나로 회화적 평가를 받고 있기는 하지만 그것보다는 불과 가로 61.2센티미터, 세로 23센티미터의 작은 그림임에도 추사와 제자 이상적 간의 절절한 사제 간 정을 그림에 담은 것이나, 그 일화들이 세간에 많은 화제를 불러일으키며 각별한 주목을 받게 된 것이다.

당시 중인 계급인 역관으로 청나라를 열두 번이나 방문하면서 한시를 짓기도 하고 중국의 선비들과 폭넓게 사귀고 있던 이상적은 추사가 제주에 유배돼 있을 때 추사 스승인 옹방강이 친필로 쓴 책 여덟 권을 구해 보내 주었다.

뿐만 아니라 추사가 그토록 읽고 싶어 했던 청나라 학자 운경의 〈대운산방집〉 계복의 〈만학집〉 하장령의 〈황조경세문편〉 129권을 두 차례에 걸쳐 구입해 제주 유배지의 스승 추사에게 보내 추사를 무한 감동시켰다.

세상의 이득을 따르지 않고 변함없이 의리를 지켜 가고 있는 이상적의 마음이 너무도 고마워 〈논어〉에 실려 있는 공자의 말씀에 기대어 붓을 든 것이다.

옆으로 긴 화폭 위에 간결하게 그려진 집 한 채를 가운데 두고 두 그루씩 대칭을 이루며 좌우로 배치된 소나무와 잣나무를 통해 제자 이상적의 변함없는 마음을 비유로 그려 주었다.

전체적으로는 머나먼 유배지에서 병고에 시달리고 있는 추사의 고적한 모습과 의지, 그 마음 풍경을 드러내 보여 주고 있기도 하다.

추사는 제자 이상적을 위해 그림을 완성한 후 고마운 마음을 화폭 왼편에 방안을 쳐 구획을 나누고 정성 들여 쓴 발문에 담았다.

추운 시절의 그림, 우선 이상적 감상해 보시게, 완당…… 오랫동안 서로 잊지 마세나.
그대는 지난해에 〈만학집〉과 〈대운산방집〉을 부쳐 주고 올해에 또다시 〈황조경세문편〉을 내게 보내 주었으니 이런 일이 세상에 그리 흔한 일이겠나. 더구나 이 책들을 모두 천만 리 머나먼 곳에서 구입한 것이고 그것도 몇 년에 걸쳐 수집한 것이니 잠시의 노력으로는 불가능한 일이었을 걸세. 세상 사람들은 오직 권세와 이익을 좇기 바쁜데 그대는 어찌 권세와 이득이 있는 자보다 바다 밖 멀리 귀양 온 초라한 나에게 이토록 마음을 쓰는가……

공자께서 "날씨가 추워진 뒤에야 비로소 소나무와 잣나무가 더디게 시들어 푸르게 남아 있음을 알 수 있다."고 하셨는데…… 진정 그대는 나에게 추워지기 전이라고 더한 것도 없었고 추워진 뒤라도 덜할 것도 없으니 성인의 말씀대로 일컬을 만하네…….

**이 그림을 받아 든 이상적은 복받치는 감격과 송구함에 몸 둘 바를 몰라했다.**

세한도 한 폭을 받아 엎드려 보면서 눈물이 저절로 흘러내리는 것도 깨닫지 못했습니다.

어이 이다지도 분에 넘치게 칭찬의 말씀을 주십니까? 보내 드린 책을 받으신 감개가 그토록 진실하고도 절실하셨습니까. 아! 제가 어찌 감히 도도하게 흐르는 세파 속에서 권세와 이익을 따르지 않고 홀로 초연할 수 있겠습니까. 다만 작은 도리로서 스스로 아니할 수 없어 그렇게 했을 뿐입니다. 오히려 이 그림을 보고 다른 사람들이 저를 정말 세속에서 벗어나 세상의 권세와 이익을 초월한 것으로 알까 부끄러울 따름입니다.

'세한도'를 받고 이상적이 눈물로 스승 추사에게 보낸 답장의 일부분이다. '세한도'를 사이에 두고 오고 간 사제 간의 뜨거운 정이 뭉클하게 느껴진다.

이상적은 그해 10월 주청사 수행 역관으로 일곱 번째 연행길에 오르자 '세한도'를 가지고 북경으로 갔다.

그리고 그 이듬해 정월의 초대 환영연 자리에서 '세한도' 그림을 공개하고 그 연회에 참석했던 청나라 명사 열여섯 명으로부터 추사의 인품과 높은 학덕을 칭송하는 제찬시를 받았다.

이상적은 이 제찬시들을 '세한도' 그림 끝에 붙여 함께 표구한 다음 3월 말 귀국해 이를 곧장 제주 유배지의 추사에게 보냈다.

이 '세한도'는 얼마 후 이상적의 집안에서 다시 나와 떠돌다 추사 연구가로 유명한 일본인 후지쓰카 소유가 되면서 '세한도의 가치'와 추사의 학문 세계가 널리 조명 받게 되었다.

'세한도'는 서예가 손재형의 지성을 다한 노력으로 국내로 다시 찾아오게 돼 1974년 국보로 지정 받기에 이르렀다.

추사의 제자 중에는 특히 화가가 많았는데 그중에서 추사가 각별하게 챙긴 제자는 전남 진도의 소치 허련(1809~1892)이다.

소치는 그 이전에 추사와 친구로 지내던 초의선사에게 그림을 배웠는데 1839년 초의가 추사에게 소치의 그림을 보여 준 것이 사제 간의 연을 맺는 계기가 되었다.

추사는 초의에게 편지를 써 소치를 자신에게 보내 줄 것을 당부했다.

"허군의 화격은 거듭거듭 볼수록 묘하오, 이미 품격은 이루었으나 다만 견문이 아직 좁아 그 좋은 솜씨를 마음대로 구사하지 못하고 있으니 빨리 한양으로 올라와 안목을 넓히게 하는 게 어떻겠소?"

결국 소치는 한양으로 올라와 추사 집 사랑채에 머물며 그림을 배웠다. 이후 소치는 추사가 유배된 제주도에 내려가 가까이에서 추사를 보살피면서 그림 공부를 이어 갔다. 소치가 삿갓에 나막신을 신은 추사의 초상을 그린 '완당선생 해천일립상'은 추사가 소치의 그림 경지를 인정하고 부탁해 그려진 초상으로 추사의 유배 시절 모습을 담은 걸작으로 꼽힌다.

그는 유배지에서 돌아온 말년에는 생부인 김노경의 묘소가 있는 경기도 과천의 '과지초당'과 봉은사에서 기거하다 1856년(철종7) 10월 10일 71세로 세상을 떴다. 그의 유해는 그토록 그리던 고향 땅으로 내려와 옛집 옆에 먼저 간 두 부인과 함께 합장됐다.

고택 왼편에 자리한 합장묘 앞에는 흡사 '세한도'에 그려진 소

먼저 간 두 부인과 합장한 고택 옆의 추사 묘소

나무와 잣나무를 연상시키는 노송(老松) 두 그루가 무심한 세월의 찬바람을 맞으며 서 있다. 그 휘어진 늙은 소나무를 그윽히 바라보자니 문득 '세한도'에 그가 화제로 써 내려간 공자의 말이 나직이 들려오는 듯하다.

"한겨울 추운 날씨가 된 다음에야 비로소 소나무, 잣나무가 시들지 않음을 알 수 있다."

# 조선 최고 지식인의
# 이루지 못한 꿈

정약용의 여유당과 다산초당

## 조선 최고 지성의 극적인 삶의 흔적들

'우리 민족사에서 최대의 백과사전적 지성인이자 실천가', '위대한 사상가이자 뛰어난 예술가요, 진보적인 개혁운동가인 동시에 나약한 한 지성인으로 고뇌와 시련의 삶을 살다', '생각의 크기와 극적인 생애의 곡절들……'

우리나라 실학을 집대성한 대학자 다산(茶山) 정약용(丁若鏞, 1762~1836)을 간명하게 표현한 말들이다. 지금도 그 빛이 사위지 않은 당대 최고 지성의 흔적을 더듬어 가는 길은 생각만으로도

굴동 마을 전경. 중간의 얕은 산이 다산(茶山)

다산이 이따금 머물던 만덕산의 백련사

다산초당

벅차기 그지없었다. 이미 200년 전 바른 목민관(牧民官, 백성을 기르
는 관리)의 길을 일러준 대선각자…… 여러 해 전, 전남 강진 귤동
부락의 다산초당(茶山草堂)을 다녀왔던 터다.

  다산은 당대 자신이 살던 사회를 '털끝 하나도 병들지 않은 것
이 없다'고 개탄했다.
  특히, 가히 혁명적이랄 수 있는 그의 사상이 응축된 방대한 저
작의 산실 '다산초당(茶山草堂)'을 먼저 돌아보는 일은, 그가 시대
의 절망을 절망하지 않고 개혁 의지의 칼날을 시퍼렇게 세우고

있던 장년기의 행적을 더듬어 보는 일이라서 오히려 경건해지기까지 한다.

한반도의 끄트머리 해남, 강진은 조선조 때에는 함경도, 경상도 장기, 제주도 등과 같이 이른바 '원악지(遠惡地)'로 불리던 귀양의 땅이었다.

워낙에 후미지고 궁벽한 오지여서 이곳에는 낙향한 유림(儒林)이나 유배객, 아니면 탐관오리들의 탐학과 가렴주구에 시달리다 못해 희망없이 흘러 들어오는 가난한 민초들뿐이었지만, 해남·강진·제주도는 고산 윤선도, 다산 정약용, 추사 김정희 같은 당대의 재사들에 의해 다른 유배지와는 성격이 다른 독특한 '유배지 문화'가 피어났다.

그중에서도 강진 땅의 정약용은 비록 야박하지 않게 귀양살이를 했던 관료였지만, 민중의 고통을 자신의 고통으로 받아들인 경우여서 일반적인 양반 문화와 대별된다.

'남도 천리길 가도 가도 붉은 황토길, 수세미 같은 해는 서산에 지고……' 하는 한하운의 싯구와 끈적한 육자배기 가락으로 연상되는 전라도길에 접어들어 나주 남평벌을 지나 목포 해남의 갈림길인 율정을 돌아들면 강진 땅이다.

이 율정에서 다산은 1801년 신유사옥에 연루돼 흑산도 유배길에 오른 형 정약전(丁若銓: 1758~1816)과 이승에서의 마지막 이별이 된 하룻밤을 눈물로 지새고 영암을 거쳐 강진에 도착했다.

다산초당이 있는 귤동 마을까지는 강진 읍내에서 10리 남짓한 거리인데, 다산이 유배 초에 머문 곳은 이 초당이 아니라 동문 밖 주막(현재의 강진읍 동문리 추정)이었다.

그는 훗날 이렇게 술회했다.

나는 가정 신유년(1801) 겨울에 강진에 도착해 동문 밖 주막집에 우거하였다. 을축년(1805) 겨울에는 보은산방(寶恩山房, 고성사)에서 기식하였고, 병인년(1806) 가을에는 학래(鶴來, 李晴)의 집에 이사가 있다가 무진년(1808) 봄에야 다산에서 살았으니 통계하여 유배지에 있었던 것이 18년인데, 읍내에서 살았던 것이 8년이고, 다산에서 살았던 게 11년째였다. 처음 왔을 때에는 백성들이 모두 겁을 먹고 문을 부수고 담을 무너뜨리고 달아나며 편안히 만나는 것을 허락하지 않았다.

〈다산 신계〉 중에서

이를 토대로 유추해 보면 강진에서의 유배처가 네 번 옮겨졌음을 알 수 있는데, 그의 저작 생활은 초당에서의 11년간에 거의 이루어졌다.

귤동 마을은 현재의 행정구역상으로는 전남 강진군 도암면 유자동. 강진 시외버스터미널에서 운행되는 석문행 버스를 타고 으악새가 서걱이는 강진만을 차창 너머로 그윽이 바라보며 10여 분 가다 보면 마을 입구가 나온다.

차에서 내려서면 입구 왼편에 후대에 세운 것으로 보이는 '다산 정약용 선생 유적비'가 우뚝하니 눈길을 끈다.

유독 유자나무가 많다 해서 귤동이라 이름 붙여진 것 외에 유별난 것은 없고, 그저 그런 시골 산골 마을의 모습으로 만덕산의 한 줄기인 다산(茶山)을 등받이 삼아 오롯이 남향으로 앉은 품이 고즈넉하기 이를 데 없다.

나직이 순하게 엎드린 민가의 탱자나무 울타리와 돌담, 쇠락한 바람 소리로 잠들 새 없는 대나무 숲과 동백나무가 이 마을의 옛 정취를 더듬게 해 줄 뿐이다.

마을의 허리 편을 돌아 초당에 오르는 다산의 가파른 오솔길에 들어서면 수백 년은 됐음직한 은행나무와 대나무 숲, 동백의 거목과 후박나무가 울창하게 하늘을 나누어 가려, 음습한 한기가 오싹 몸에 끼칠 정도다.

아마도 다산은 이 가파른 산길을 오르내리며 세상을 많이도 한탄했을 성싶다.

그가 〈여유당전서〉에서 "오늘날 성리학을 하는 사람을 세 줄기, 다섯 가지로, 천(千) 가지 만(萬) 잎사귀를 털같이 나누고 실같이 쪼개어 서로 성내고 서로 떠든다."고 당쟁을 비판했던 것처럼.

가쁜 호흡을 두어 번 가다듬으며 10여 분 오솔길을 오르면 바로 산의 안 허리를 후벼 낸 듯 움푹한 크지 않은 터에 음침한 오동나무 숲과 잡목의 그늘에 묻혀 어른어른 동그마니 나 앉은 다산초당이 보인다.

이름만 초당일 뿐 정면 다섯 칸에 측면 두 칸의 팔작기와지붕을 해인 목조 건물로 툇마루가 넓고 길며, 방도 제법 큼직하고 좌우에 서암(西庵)과 동암(東庵)을 거느리고 있다.

초당의 현판은 추사의 예서체, 동암의 현판은 다산의 행서체 글씨를 집자해 새겨 걸었다.

이 별서(別墅)는 폐가가 된 원래의 초당을 1958년 다산유적보존회가 초당이 아닌 기와집 양식으로 새로 지은 것이지만, 아직도 다산의 체취 어린 흔적들을 초당 언저리 곳곳에서 어렵지 않게 확인할 수 있다.

원래 합리적이고 과학적인 사고방식을 가졌던 다산이었던지라 초당 오른편 동쪽에는 연지(蓮池)라는 네모난 연못을 파고, 그 못 한가운데에 석가산이라는 인공섬을 만든 다음 뒷산의 골을 파 대나무통으로 물을 끌어 들여 폭포를 만들고 비류폭포라 이름했다는 것이다.

이 중 유배 당시의 것으로 그대로 남아 있는 조형물은 차를 달였다는 뜰 앞의 '다조'라는 넓적바위와 초당 왼편 바위에 새긴 '정석(丁石)'이라는 글씨뿐이지만, 조형의 큰 틀은 원래의 모습에서 크게 벗어나 있지 않다.

특히 '정석' 글씨는 다산의 해서체 친필로 굵고 깊게 음각돼 있어 당시 가누기 힘든 자신의 의지를 곧추세우려 했던 다산의 심경을 헤아릴 수 있을 것 같기도 하다.

다산은 유배에서 풀려난 지 3년이 되는 1821년, 당시 육순 때 자신의 자서전이라 할 수 있는 묘지명을 스스로 지은 장문의 〈자찬묘지명(自撰墓誌銘)〉에서 다산초당의 모습을 이렇게 그리고 있다.

"무진년(1808) 봄에 다산으로 거처를 옮겼다. 축대를 쌓고 연못을 파기도 하고 꽃나무를 벌여 심고, 물을 끌어다 폭포를 만들기도 했다. 동서로 두 암(庵)을 마련하고 장서 천여 권을 쌓아 두고 저서로서 스스로 즐겼다. 만덕사의 서쪽에 위치한 곳인데 처사 윤단의 산정(山亭)이다. 석벽에 '정석' 두 자를 새겼다."

익히 알려진 터이지만, 본래 이 초당은 다산의 외가인 해남 윤씨 윤취서, 윤유서 형제가 마을 뒷산에 정자를 세우고 대나무와 오동나무를 심어 가꾸면서 그곳이 공부하는 집이란 의미로 이름 지었던 것.

  그러던 것이 저 유명한 공재 윤두서의 외손자(다산의 어머니가 공재의 손녀딸)인 다산이 강진 땅에 유배되어 오자 윤취서의 손자인 윤단과 그의 세 아들이 다산의 거처로 배려한 것이다.

  다산은 이곳에서 저술 활동을 하는 틈틈이 강학을 열고 18제자를 길러 냈으며, 초의선사, 추사 김정희와도 조우하게 된다.

# 추사, 다산을 만나다

추사 김정희가 다산을 만나게 된 건 동갑내기 친구였던 초의선사의 주선에 의해서였다.

당시 초의선사는 다산을 사부로 섬기며 유배지인 다산에 자주 들러 차(茶) 공양을 하고는 했는데, 어느 날 추사를 이끌고 다산에 오른 것이다. 추사의 나이가 초의와 동갑이니 다산과는 스물네 살 차이가 났다. 다산은 한때 학문적으로 교감을 나누고 있었던 선배 지식인 초정 박제가로부터 그제자인 추사에 대해 들은 적이 있었다.

"재주가 명석하고, 아직 젊은 나이임에도 역사학뿐 아니라 금석학, 문자학, 지리학에 통달했다."고.

그날의 첫 대면 이후 다산을 통해 〈목민심서〉 초고(草稿)를 받아 독파를 한추사는 비로소 실학의 정수를 만나고 있음을 통감했다. 하루는 〈목민심서〉 초고본을 두 손으로 받쳐 든 추사가 초당에 들어서자마자 무릎을 꿇고 이마를 조아렸다.

"선생님, 불초 소생을 제자로 받아 주시옵소서."

"그 무슨 당치도 않은 소리를…… 자넨 이미 스승이 필요 없는 사람이 아닌가."

"아닙니다. 소생은 이제까지 자만에 빠져 있었습니다. 저보다 박식하고 세상을 꿰뚫어 보는 학자가 없다고 생각했었습니다. 청국의 학자들도 저의 주장과 학문적 이론에 대해서는 반론을 제기하지 못하였습니다. 그러나 오늘에서야 저의 진면목을 알게 되었습니다. 학문의 길이 넓고도 험하다는 것을…… 하오니 부디 소생의 청을 허락해 주시옵소서."

다산이 추사의 눈빛을 그윽히 바라보다가 나직이 입을 뗐다.

"자네 뜻대로 하게나."

그 말이 떨어지기가 무섭게 추사가 자리에서 일어났다.

"사부님, 절 받으십시오."

추사는 감격의 눈물을 흘리며 다산에게 큰 절을 올렸다.

그리고 다음 날, 초의에게 현판으로 쓸 홰나무와 팽나무를 구해 줄 것을 청했다.

'다산초당(茶山草堂)' 현판은 그렇게 추사가 직접 글씨를 쓰고 전각해 내걸게 되었다.

아내 홍씨 역시 비록 몸은 생이별로 따로였지만, 마음만은 다산과 마찬가지로 지아비에 대한 그리움으로 불면의 날들을 보내고 있었다. 그러길 10여 성상, 아내가 혼례식 때 입었던 색바랜 낡은 다홍색 치마 여섯 폭을 보내왔다. 다산은 아내의 체취가 배어 있는 그 치마를 일정한 크기로 잘라 묶은 다음 두 아들에게 주는 글을 적었다.

혼례식 때 입은 예복을 의미한다 하여 이를 '하피첩(霞帔帖)'이라 부른다. 이 하피첩은 가로 12센티미터, 세로 20센티미터 크기로 자른 천에 글씨를 쓴 다음, 가로 16센티미터, 세로 25센티미터 크기의 종이에 붙여 만들었는데 1첩 17장, 2첩 15장, 3첩 14장 등 모두 3첩 46장이 전해진다.

두 아들에게 주는 글을 써 담을 하피첩을 만들고, 남은 치마에는 매화나무에 새가 앉아 있는 매조도(梅鳥圖)를 직접 그린 다음 딸이 행복하기를 바라는 시를 적어 시집간 딸에게 보내 주었다.

가로 19센티미터, 세로 45센티미터인 이 매조도는 현재 고려대 박물관에 소장돼 있다.

사뿐사뿐 새가 날아와
우리 뜰 매화나무 가지에 앉아 쉬네
매화꽃 향기 짙게 풍기니

꽃향기 그리워 날아왔네
이제부터 여기 머물러 지내며
가정 이루고 즐겁게 살아라
꽃도 이제 활짝 피었으니
열매 또한 주렁주렁 열리리.

이역만리 유배지에서 딸의 혼례식도 보지 못하고 출가하는 딸의 행복을 비는 아버지의 절절한 마음이 짙게 묻어난다.

특히 하피첩은 한때 발굴 비사가 화제가 되기도 했다. 지난 2005년 수원의 한 모텔 주인이 건물을 수리하며 집 안의 파지를 마당에 내놓았는데, 폐지를 줍는 할머니가 수레를 끌고 지나가다 이 파지를 달라고 했다. 주인이 얼핏 그 파지 할머니의 수레를 보니 이상한 낡은 소책자가 눈에 띄었다. 모텔 주인은 그 책자와 파지를 맞바꿨다. 그러고는 혹시나 싶어 K-TV의 '진품명품' 프로에 감정을 의뢰했다. 이 소책자는 다름 아닌 다산 정약용의 '하피첩'으로 판명되었고, 감정가 1억 원이 매겨졌다. 그 후 개인 수집가 손에 들어가 있던 이 하피첩은 다시 세상을 떠돌다 최근 서울의 한 고미술 경매에서 7억 5천만 원에 국립민속박물관에 낙찰돼 다시금 세간의 화제가 되기도 했다.

그러나 그 무엇보다도 이곳이 1표 2서 (〈경세유표〉 〈목민심서〉 〈흠흠신서〉)를 비롯한 5백여 권의 저작을 완성, 실학을 집대성하는 데 절대적인 뒷받침이 되었던 곳이라는 데에 역사적 의의를 둘 수 있다.

천형처럼 운명적으로 주어진 18년간의 유배 생활은 오직 저술에만 몰두할 수 있었던 제2의 인생기였지만, 다산에게는 더할 수 없는 고통의 나날이었던 듯싶다.

그러기에 강진에서 그의 아들에게 보낸 편지글을 보면, "왼쪽 어깨가 마비되어 마침내 폐인이 다 되어 가고, 시력이 아주 형편없이 나빠져 오직 안경에만 의존하고 있다……. 요즘 중풍이 심하여 오래 살 수 없을 것 같다……."고 극심한 고통을 호소하고 있다.

그런 그가 이태순(李泰淳)의 상소로 강진의 유배에서 풀려난 것은 그의 나이 56세 때인 1818년(순조18). 그가 태어나고 유년기를 보낸 고향인 경기도 광주의 마현(지금의 경기도 남양주시 조안면 능내리)으로 돌아가 자신의 고옥을, 노자(老子)의 "여(輿)는 차가운 겨울 냇물을 건너는 듯 하고, 유(猶)는 사방을 두려워하는 듯하다."는 경구를 따 '여유당'이라 명명 자호(自號)하고, 마지막 저술에 몰두하다 생을 마감한다.

그는 뒷날 〈여유당전서〉에서 술회하기를 "내가 바닷가로 귀양가서 유년(幼年)의 지학(志學)을 생각하니 20년을 세로(世路)에 빠져들어 선왕(先王)의 대도(大道)를 생각지 못하였었다. 이제야 겨우 겨를을 얻었기에 혼연히 여겨 6경4서(六經四書)를 침잠하여 탐구하였다. 그리하여 한·위 이래로 명·청에 이르기까지 경전을 주석한 유설(儒說)을 널리 모아 오류를 잡고 취사를 분명히 하여 일가의 학설을 갖추었다."며 자신의 저술에 대해 만약 "알아주는 이 없어 천명이 허락하지 않는다면 횃불로 태워 버려도 좋다."는 시니컬한 자부를 내보이기도 했다.

그러나 천명이 허락했음인가. 어려운 시대를 외롭게 고통 속에 살다 간 양심적인 지식인 다산 정약용. 그의 〈목민심서〉는 2백여 년이 훨씬 지난 오늘날 우리 공직 사회의 '바이블'이 되어 있고, 그의 개혁 의지와 과학 정신은 이 시대 지식인들의 한 표상이자 시대정신으로 높이 받들어지고 있다.

생전에 2천5백여 수의 시를 남긴 뛰어난 시인이기도 했던 그는 아들들에게 편지를 보내 "세상을 근심하고 백성을 긍휼히 여기며 언제나 힘없는 사람을 구제하려는 마음을 가지고 방황하며 안타까워 차마 버리지 못하는 뜻을 지닌 후에라야 바야흐로 시(詩)가 되는 것이다."라며 무엇이 민초를 위하고 국익을 위한 것인가 하는 현실을 직시하는 혜안과, 없는 사람들을 따뜻하게 보듬을 수 있는 너그러운 마음을 가져야 한다는 것을 준엄하게 일깨워 주고 있다.

그의 진솔한 현실 인식과 시대정신을 바로 보여 주는 대목이다.

"살구꽃이 피면 한번 모이고, 복숭아 꽃이 피면 한번 모이고, 한여름 참외 익으면 한번 모이고, 가을 바람이 서늘해져 서지(西池)의 연꽃을 완상하게 되면 한번 모이고, 국화 꽃이 피면 한번 모이고, 겨울에 큰 눈이 오면 한번 모이고, 세모에 화분의 매화가 꽃을 피우면 한번 모인다……."며 시우(詩友)들과 죽란시사(竹欄詩社)를 열어 고락을 나누기도 했던 천재적 지식인 다산 정약용의 말년 행적을 찾아 나선다.


오랜 유배 생활로 정신이 피폐해질대로 피폐해져 있을 수 있었음에도 가족, 특히 자신의 아들들과 부인에게는 늘 자애로웠다. 그런 다산의 심성을 이해하기 위해서는 다산의 가족사를 들여다 볼 필요가 있다.

다산은 진주목사를 지내고 진주에서 63세로 세상을 떠난 정재원(丁載遠: 1730~1792)의 세 아들 중 막내로 마현마을에서 태어났다. 정재원은 첫 번째 부인인 남씨와 사별한 후 두 번째 부인인

해남 윤씨와 혼인했고, 이 윤씨 부인과의 사이에서 약종·약전·
약용 세 아들을 두었다.

그 뒤 다산이 아홉 살 되던 해에 어머니 윤씨 부인이 죽고, 그
이듬해 아버지가 황씨 부인을 맞아들였으나 이내 죽었다. 그리고
두 해 뒤 아버지는 다시 스무 살 먹은 서울 처녀 김씨 부인을 소
실로 맞아들였다.

다산에게 서모(庶母)였던 김씨 부인과 다산의 나이 차이가 겨우
여덟 살밖에 되지 않았다.

다산은 이 서모 김씨가 1813년 향년 60세로 세상을 떠났을 때
묘지명을 지어 올렸다. 이 묘지명에서 서모 김씨에 대해 이렇게
기술하고 있다.

서모가 처음 우리집에 올 때 내 나이가 겨우 열두 살이었다. 머리에
서캐와 이가 많고 또 부스럼이 잘 났다. 서모는 손수 빗질해 주고 또
고름과 피를 씻어 주었다. 그리고 바지, 적삼, 버선을 빨래하고 꿰매
며 바느질하는 수고도 또한 서모가 담당하다가 내가 장가를 든 뒤에
야 그만두었다. 그러므로 나의 형제 자매 중에서 특히 나와 정이 두
터웠다. 1801년의 화(신유사옥)에 내가 남쪽 지방으로 귀양 가니 서
모는 매양 생각하며 눈물을 흘렸다. 죽을 때에 이르러서는 ─ 내가 다
시 영감을 보지 못하겠도다 ─ 하는 말과 함께 숨이 끊어졌으니 아, 슬
프도다.

서모 김씨는 정약용의 아버지 정재원과의 사이에서 아들 하나와 딸 셋을 두었는데, 아들은 어려서 죽고 두 딸은 일찍 청상과부가 돼 불우한 삶을 살았다.

그러나 이러한 일들은 다산이 당한 참척(慘慽)에 비하면 아무것도 아니었다.

다산은 슬하에 6남 3녀의 자식을 두었는데, 4남 2녀가 어려서 천연두와 홍역으로 죽었다. 아홉 명의 자식들 중 여섯을 먼저 저세상으로 떠나 보내는 아픔을 겪었으니 그 심사가 어떠했겠는가.

"차라리 내가 죽고 네가 살 것을……"하면서 다산은 비통해 하며 멀고도 험한 18년간의 유배 길에 올랐다. 그런 만큼 살아남은 세 남매와 부인 홍씨에 대한 정이 유난히도 깊었다. 특히 외로운 유배지에서 다산은 아내를 향한 그리움으로 잠 못 이루며 몸을 치떨었다.

나는 성품이 활달하다 해도
생각할 때마다 슬프고 괴로운데
더구나 그대 여인의 마음으로
심신이 밝지 않고 배기겠는가
해맑은 은하수 밤되어 비단 같고
총총한 별들이 반짝거리며

주거니 받거니 풀벌레 울고
뜰앞 대나무에 이슬이 맺힐 때
옷깃을 부여잡고 잠 못 이루며
엎치락뒤치락 새벽을 대겠지
흐르는 세월 이 밤에도 못이 되어
눈물 떨어져 옷과 수건 적신다네
부러워라 저 구름 속 학은
두 날개가 수레바퀴 같건마는.


18년 유배 생활 끝에 돌아와 75세로 죽을 때까지 18년간 병약

여유당 안채

해진 심신을 뉘고, 때론 북한강을 따라 유유자적했을 고향 마현
(馬峴) 여유당(與猶堂)에서의 만년 모습은 아마도 아무 거칠 것이
없는 휴휴거사(休休居士)의 풍모가 아니었을까 싶다.

　팔당호를 끼고 돌아 몇 구비 싱그러운 풀숲을 헤집고 들어선
다산 유적지. 생가는 박물관-기념관을 지나 저만치 끝머리에 야
트막한 묘역 등성이를 등받이 삼아 키 높은 느티나무 그늘 밑에
낮게 엎드려 있다. 옛시절 한양을 배로 오갔을 북한강 마현나루
가 코앞이다.

안방 모습

## 을축년 대홍수 때 유실…… 복원

이 생가 여유당은 1925년 을축년 대홍수 때 흔적도 없이 유실된 것을 1986년 복원한 것이다. 그럼에도 상상 외로 생가 규모는 그닥 크지도, 작지도 않은 전형적인 일반 사대부가의 가옥 형태 그대로다. 남으로 대문을 둔 ㅁ자 기와집으로 대문 왼편은 툇마루를 길게 낸 사랑채, 안채는 두어 칸 되는 대청마루를 사이에 두고 칸 반 됨직한 안방과 한 칸 크기의 건넌방으로 소박하다. 대문 왼편으로는 곳간과 소 외양간, 안채와 사랑채 사이로 쪽문을 내고, 경계의 의미에 지나지 않은 낮은 돌담장을 둘렀다. 집 바로 뒤편 등성이에 다산의 묘소가 있다.

다산은 여유당을 집 앞에는 내[川]가 흐르고, 집 뒤로는 낮은 언덕이 있는 배산임수의 지형에 자리 잡고 있어 물가의 집이란 의미로 '수각(水閣)'이라 칭하기도 했다고 전해진다.

당호(堂號)인 여유는 다산이 39세 때, 정조 임금이 돌연사한 1800년 봄에 모든 관직을 버리고 가족과 함께 고향으로 돌아와서 지은 것으로 그의 〈여유당기(與猶堂記)〉에 이렇게 기록하고 있다.

노자(老子)의 말에 "여(與)여! 겨울의 냇물을 건너는 듯하고, 유(猶)여! 사방을 두려워하는 듯하여라."라는 말을 내가 보았다. 안타깝도다. 이 두 마디의 말이 내 성격의 약점을 치유해 줄 치료제가 아니겠는가. 무릇 겨울에 내를 건너는 사람은 차가움이 파고들어 와 뼈를 깎는 듯 할 터이니 몹시 부득이한 경우가 아니면 하지 않을 것이며, 온 사방이 두려운 사람은 자기를 감시하는 눈길이 몸에 닿을 것이니 참으로 부득이한 경우가 아니면 하지 않을 것이다.(중략) 내가 이러한 의미를 해득해 낸 지가 6, 7년이나 된다. 당(堂)의 이름으로 하고 싶었지만, 이윽고 다시 생각해 보고 그만두어 버렸다. 초천(茗川, 마현)으로 돌아옴에 이르러서 비로소 써 가지고 문미(門楣, 문간 위에 가로댄 나무)에 붙여놓고 아울러 그 이름 붙인 이유를 기록해서 아이들에게 보도록 하였다.


## 기나긴 18년 유배 역정

다산은 이곳 경기도 남양주시 조안면 능내리 옛 마현에서 아버지 나주 정씨 재원(載元)과 해남 윤씨로 고산 윤선도 후손인 어머니 사이에서 넷째 아들로 태어났다. 아홉 살 때 어머니를 여의고, 열다섯 살 때인 1776년 부승지 홍화보의 딸인 풍산 홍씨와 혼인을 한 후에는 아버지의 임지를 따라 연천, 화순 등지에서 생활을 했다.

그 뒤 22세 때 진사시험에 합격해 성균관에 들어가 여러 차례 시험을 통해 발군의 재능과 학문을 인정받아 정조 임금의 총애를 한 몸에 받기 시작했다. 다산이 본격적으로 벼슬살이를 시작한 건 28세 때인 1789년 문과에 급제하면서부터.

이 무렵 정조대왕의 효심과 개혁의 꿈이 서린 수원화성 축조 설계를 맡아 유형거와 거중기를 고안, 경비는 물론 공사 기간을 7년이나 단축시켜 이제 바야흐로 정조대왕의 야심찬 신도시 수원 화성시대가 열리려는 찰나에 정조대왕이 급사하게 되면서 다산 의 꿈도 물거품처럼 스러지게 된다.

결국 정조 임금의 서거와 함께 다산도 1801년 신유사옥 때 천 주교도로 지목돼 유배형을 받게 되고, 그의 형제 중 셋째 형 약종 은 옥사하고 둘째 형 약전은 신지도로 유배된다. 그 뒤 설상가상으 로 황사영백서사건에 휘말려 형 약전은 흑산도로, 다산은 다시 전 남 강진으로 유배지를 옮겨 길고 긴 유배 생활을 이어 가게 된다.

강진에서의 11년간이라는 유배 기간은 다산에게는 더할 수 없 는 고통의 시간들이었지만, 학문적으로는 알찬 결실을 안긴 시간 들이었다. 500여 권에 달하는 그의 저서 대부분이 유배지에서 이 루어졌던 것이다. 소위 '다산학(茶山學)'은 그런 각고의 결실이다.

다산이 길고 긴 귀양살이에서 풀려나 고향 마현에 돌아온 건 1818년 9월로 그의 나이 57세 때였다. 이후 1836년 75세로 이 세상을 등지기까지 때론 북한강을 유람하기도 하며 자신의 생애 와 학문을 정리했다.

다산의 현실적이며 실천적인 사상과 탁견(卓見)이 당시 급속도로 붕괴해 가던 조선 사회에 적절히 적용되지는 못했지만, 다산이야말로 조선조 학계에 전개된 진보적인 새로운 학풍을 오로지 한 몸으로 총괄 정리하여 집대성한 실학파의 우뚝한 대표 선두 주자였다.

훗날 위당 정인보는 "다산선생 1인에 대한 고구(考究 : 깊이 살펴 연구하는 것)는 곧 조선사 연구요, 조선 근세 사상의 연구요, 조선 심혼(心魂)의 명예(明翳 : 빛과 그늘) 내지 전 조선 성쇠 존망에 대한 연구."라고까지 다산의 학문과 저술을 평했다.

그리고 결혼 60주년이 되는 회혼일(回婚日)인 1836년 2월 22일, 부인 홍씨와 아들들 등 온 가족이 지켜보는 가운데 잠자듯이 조용히 이승을 떠났다.

다산은 세상을 떠나기 마지막 3일 전에 붓을 들어 홍씨 부인과 살아온 날들을 회상하는 '회근시(回졸詩)'를 지었다.

그가 지상에서 쓴 마지막 작시(作詩)였다.

> 육십 풍상의 세월 눈 깜빡할 사이에 흘러갔으되
> 복사꽃 화사한 봄빛은 혼인하던 그해 같네
> 생(生)이별 사(死)이별이 우리 늙음 가져왔으나
> 슬픔 짧고 즐거움 길었으니 임금님 은혜 감사하여라

오늘 밤 목란사(木蘭詞) 읽는 소리 더욱더 다정하고
그 옛날 다홍치마엔 유묵(遺墨) 아직 남아 있네
사라졌다 다시 합한 것 그게 바로 내 일생이니
한 쌍의 표주박 남겨 자손들에게 물려주리라

이보다 15년 전인 임오년(1822) 회갑 때 다산은 조그만 첩(帖)을 잘라 두 아들(학연, 학유)에게 마지막 유언의 말[遺命]을 적어 남겼으니 바로 자신의 장례 절차였다.

이 유명은 꼭 예(禮)에 따를 것도 없고, 꼭 풍속을 따를 것도 없고, 오직 그 뜻대로 할 것이다. 살았을 때 그 뜻을 받들지 않고 죽었을 때 그 뜻을 좇지 않으면 모두 효(孝)가 아니다.

하물며 내가 예경(禮經)을 수십 년 동안 정밀하게 공부하였으므로 그 뜻은 다 예에 근거를 둔 것이지 감히 내 멋대로 한 것이 아니니 어찌 따르지 않겠느냐?

산 사람이 해야 할 일은 상의절요(喪儀節要)에 있으니 마땅히 잘 살펴서 행하고 어기지 말아라…… 천하에 가장 업신여겨도 되는 것은 시체이다. 시궁창에 버려도 원망하지 못하고, 비단옷을 입혀도 사양할 줄 모른다. 지극한 소원을 어겨도 슬퍼할 줄 모르고, 지극히 싫어하는 짓을 가하여도 화낼 줄 모른다. 그러므로 야박한 사람은 이를 업신여기고, 효자는 이를 슬퍼한다. 그러니 유명은 반드시 지키고 어기지 말아야 한다. 옆에서 떠들고 비웃는 자는 반드시 어리석은 자인데도 살아 있기 때문에 두려워하고 시체는 말이 없지만, 박

학(博學)한 사람인데도 죽었기 때문에 업신여기니 어찌 슬픈 일이
아니겠는가?

앞의 첩에서 말한 바를 털끝만큼이라도 어긴다면 불효요, 시신을 업
신여기는 것이다.

너희 학연, 학유야! 정녕 내 말대로 하여라.


지금, 여유당 집 뒷동산 다산의 묘소 언저리엔 선홍빛 영산홍
이 그의 넋그리메처럼 피어 한창이다.

# 전통의 무게·자연의 향취가
# 조화를 이룬 명당

기대승과 애일당

## 고결한 성리학자 기대승의 정신이 녹아든 집

"기세훈(奇世勳, 1914~2015.2) 고택이 가지고 있는 특징은 400년 역사에서 우러나오는 전통의 무게와 자연의 향취가 조화를 이룬 집이라는 것이다. 우거진 대밭과 소나무, 그리고 각종 정원수들이 어우러져 마치 숲 속에 들어와 있는 듯한 아늑함을 준다. 이 집이 지닌 자연의 향기는 대숲에서 나온다. 전체 대지 3,500평 가운데 사랑채 뒤쪽으로는 700평의 대숲이 조성되어 있다. 대나무 숲에 들어서면 왠지 모르게 청정한 느낌이 든다. 이 대숲에서 귀를 기

애일당

울이고 있으면 바람이 불 때마다 사각사각 대나무 이파리가 부딪
히면서 내는 소리가 들린다. 이름하여 망우송(忘憂頌, 근심을 잊게 해
주는 노래)이다. 그리고 그 대숲 가득 울려 퍼지는 온갖 새들의 합
창, 대나무의 아침 이슬 기운을 받아 먹으면서 자라는 죽로차(竹
露茶), 돌담에 이르기까지…… 호남 계산풍류(溪山風流)의 전통을
이어 가겠다는 의지가 표현된 현장이 바로 애일당(愛日堂)을 아우
르는 기세훈 고택이다."

　사주명리·풍수학자 조용헌 원광대 교수가 기세훈 고택의 특
징을 함축적으로 표현한 말이다. 그는 이어 전남에서 제일 유명

한 3대 양택(陽宅)의 하나로 해남의 윤선도 고택 녹우당, 구례의 운조루와 함께 이 집(애일당)을 꼽았다. 집터며 주위 산수 간의 형세가 풍수상으로 가히 명당이라 이를 만하다는 것이다.

### 행주 기씨 동족 부락의 중심

행정구역상으로는 광주광역시 광산구 광산동 광곡(廣谷)마을이지만 광주보다는 오히려 장성에서 더 가깝다. 광곡을 순우리말로는 '너브실'이라고 부르는데, 동네 앞에 나주평야의 한 자락인 넓은 들판이 펼쳐져 있대서 너브실이다. 이 너브실 마을은 호남을 대표하는 대 성리학자 고봉(高峰) 기대승(奇大升, 1527~1572)의 후손인 행주 기씨(幸州 奇氏)들이 모여 사는 동족 부락으로 전체 20여 가구 중 타성(他姓)바지 서너 가구를 빼고는 모두 기씨들이다.

지명이 암시해 주는 대로 큰 규모로 살림살이가 경영되었던 마을인지는 알 수 없지만, 이래저래 고봉 기대승과 연관돼 있는 '살림'들이 너브실에 들어차 있다.

한가운데 고봉의 학덕을 기리는 월봉서원이 자리하고, 그 오른쪽에는 대대로 후학을 가르친 서당 귀후재가 자리 잡고 있다.

이곳에서 대숲길을 밟아 돌아들면 기씨 종가 애일당이 나오는데, 이 사랑채에 고봉학술원이 차려져 있다. 이 애일당에서 뒤편

대숲으로 다시 돌아들면 고봉 아들이 고봉이 죽고 난 뒤 시묘살이를 했다는 칠송정(七松亭)과 고봉의 묘소가 있다.

광주 전남 지역에서는 고산 윤선도의 고택인 해남 녹우당과 함께 종가의 풍모를 가장 위엄 있게 갖춘 장원으로 이 애일당을 꼽는다. 즉 이 애일당을 두고 '계산풍류(溪山風流)가 절로 솟는 전형적인 선비의 정원'이라고 일컫는다.

하기사 서석산(무등산) 자락의 원림에 호남가단(歌壇)의 수장이라 할 수 있는 송순(宋純)이 면앙정이라는 정자를 지을 때, 그 숱한 재사들을 제껴 두고 고봉에게 '면앙정기'를 써 달라고 부탁했을 정도로 고봉의 글솜씨와 풍류향이 당대 호남가단에 드높았다.

기개 높은 담론으로 자신의 삶의 지표를 삼고 조선 성리학 역사에 커다란 한 획을 그은 고봉은 1527년(중종22)지금의 광주 광역시 광산구 신룡동에서 태어났다. 본관은 행주, 선대 대대로 경기도 고양과 서울에서 살아왔는데, 아버지 기진(奇進)이 뜻밖의 사건으로 인해 식솔들을 이끌고 남쪽으로 이주해 전라도 광주에 터를 잡게 된다.

고봉의 연보에는 "물재공(勿齋供;기진)이 아우 복재 기준과 함께 성리학을 전공하다가 복재공이 기묘년 사화에 연루되어 화를 당하자 세속의 일을 단념하고 광주로 물러가 살았기 때문에 선생이 광주에서 출생한 것이다."라고 기록돼 있다.

기묘사화에 연루돼 투옥, 유배되었던 서른 살의 신진 사림 기준은 끝내 유배지에서의 도망죄가 추가돼 사약을 받았는데, 그의 통한에 젖은 절명시(絶命詩) 한 편이 전한다.

> 푸른 바다 혼은 달에서 놀고
> 거친 산의 뼈는 서리 속에 묻혀 있네
> 임금과 신하는 천년의 의리인데
> 한 번 죽으니 남은 상처가 있구나

고봉은 자신의 관향 행주가 고봉속현(高峰屬縣)이었기 때문에 고봉(高峯)이라 자호했다.

고봉은 이러한 집안 분위기 속에서 강한 의식을 키우며 자랐는데, 열아홉 살 때인 1545년 을사사화가 일어나 또다시 사림이 화를 입었다는 소식을 듣고는 종일 식음을 전폐하고 눈물을 흘리며 두문불출했다고 한다. 이때 자경설(自警說)을 지어 스스로를 경계했다.

태어난 지 1년 만에 할머니가 돌아가셨고, 7, 8세쯤에는 어머니가 돌아가셨다. 아버지는 나를 고생하며 길러 주셨는데, 어려서 질병이 많아 죽으려다 살아났으니, 오늘에 이르러 아득히 그 일을 생각하면 비통하기 그지없다. 아, 백성으로서 곤궁하기가 이보다 더하였겠는가.(중략) 계사년(7세)에 비로소 가정에서 공부를 시작했고, 이듬해인 갑오년 7월에 한없이 슬픈 일(어머니의 죽음)을 당하여 학업을 그만두기로 하고 다시는 학문을 일삼지 않았다. 아버님께서도 뜻밖의 큰 변을 당하신 터라 글을 가르치지 않았다. 그러나 을미년(9세)에〈효경(孝經)〉을 읽고 글씨를 배우고〈소학〉을 외우기도 하여 겨우 자포자기를 면하였다.

(중략) 유학을 공부한 지도 오래되었고, 세상에 태어난 햇수도 적지 않은데, 포기하고 성공을 이루지 못했으니 한심하다. 나의 무지함이여(중략) 슬프고 괴로운 생각을 못 이겨 밤중에 일어나 가슴에 쌓여 말하지 않을 수 없었다. 그래서 지난 일을 엮어서 한편으로 경계하고 또 힘쓰고자 하는 것이다.


그는 적지 않은 나이에도 성공을 이루지 못해 한심하다고 자신을 질책하고 있는데, 그에게 성공은 무엇인가. 그는 어릴적부터 과거에는 뜻을 두지 않았고 오로지 성리학에 전념한 것으로 전해진다. 일찍이 그의 아버지도 "학문의 뜻은 과거에 있는 것이 아니라 효도하고 우애하며 조상을 욕되게 하지 않는 인륜적인 데 있다."고 가르쳤다고 한다.

그럼에도 고봉의 연보를 보면, 열여섯 살 때 과거에 응시해 낙방한 것을 시발로 해서 기회가 있을 때마다 줄곧 과거 시험에 응시해 왔으나 연신 낙방의 고배를 마셨다.

그리고 마침내 서른둘의 나이에 문과 을과에 장원한다. 이러한 역정을 헤아려 보면, 20년 가까운 세월을 강한 집착을 가지고 과거 시험에 매달려 자기모순에 빠지기도 했다.

그는 훗날 사단칠정을 논하기 위해 퇴계 이황에게 보낸 편지에서 자신의 학문 수련 과정을 이렇게 회상하고 있다.

대승은 어둡고 추접스러워 벗이 적습니다. 어려서 비록 독서도 하고 글도 지었지만, 다 과거를 보아 명리와 녹을 얻기 위한 것이었지 성현의 학문이 있는 줄은 몰랐습니다. 나이 스물이 지나서야 다행히 나이 든 사람이나 선생들의 뒤를 쫓아다니며 그들의 말을 얻어 듣고 조금씩 그 학문에 뜻을 두게 되었습니다.

모르긴 해도 고봉은 가문의 몰락과 연이은 혈육과 이별, 그리고 가난, 자신의 의지와는 무관하게 드리워진 암울한 시대의 그늘 속에서 영악스럽게도 약관의 나이부터 보란 듯이 과거에 합격하기를 바라지 않았을까 하는 생각이 든다.

그 길만이 기울대로 기운 자신의 가문을 일으키고, 나아가 그

룻된 정치를 바로잡을 수 있는 길이라고 믿었던 건 아닐까.

그러나 막상 벼슬길에 나서 보니 그 길이 자신이 추구하는 이상과는 다르다는 것을 금세 깨달았다.

그는 대과에 급제한 그 이듬해인 서른세 살 먹던 해 8월에 자신의 진로에 대해 퇴계에게 편지로 자문을 구했다.

저는 성품이 본래 우둔하여 세상일과는 뜻이 맞지 않습니다. 그래서 벼슬을 그만두고 물러나 은둔하려 하나 뒤에 남은 흔적을 감추기 어렵고 애써 종사하자니 심신이 모두 피곤합니다. 두 가지 모두 힘들 바에는 차라리 세속을 떠나 저의 참된 뜻을 이루는 것이 낫지 않겠습니까.(중략) 처세하기가 참으로 어렵습니다. 그러나 역시 저의 학문이 지극하지 못함을 걱정해야 할 것입니다. 만약 제 학문이 지극하다면 처세하는 것도 반드시 어려운 일만은 아닐 것입니다.

이 편지를 받은 퇴계는 일찍이 고봉의 장단점을 간파하고 있던 터라 매우 조심스럽고도 단호하게 답장을 보내왔다.

대개 선비가 세상에 나가 벼슬을 하거나 집에 있거나 혹은 때를 만나거나 만나지 못하거나 그 목적은 제 몸을 깨끗이 하고 옳게 행하는 데 있을 뿐, 그 화(禍)와 복(福)을 논할 것은 못됩니다. 그런데 괴이한 것은 우리 선비들 가운데 도의에 뜻을 둔 사람이라면 화를 당하는 이가 많았다는 것입니다. 이는 땅이 좁고 사람들이 경박한 탓도 있겠지만, 선비들 스스로 계책이 미진한 까닭도 있습니다. 학문에 지극하지 못하면서 처신을 높게 하거나, 때를 헤아리지 않고 성급하게 세상을 다스리려 하니, 이것이 바로 패배를 불러들이는 이유입니다. 이는 곧 이름을 얻고 큰일을 맡은 자들이 가장 삼가야 할 것입니다. 그러므로 공이 지금 해야 할 도리는 자신을 너무 높여 처신하지 말고, 성급하게 세상을 다스리려 하지 않으며, 모든 일에 자기의 주장을 너무 내세우지 말아야 한다는 것입니다.

이미 세상에 나와 몸을 나라에 바쳤으면 어찌 물러날 생각만을 할 것이며, 뜻을 학문에 두었으면 어찌 나아가기만 하고 물러가지는 않겠습니까.

당시 고봉이 가슴에 담고 있었던 정치적 이상은 백성을 근본으로 한 지치(至治)의 실현에 있었다. 그는 "임금이 먼저 완전한 인격을 갖추어야 하고, 그런 다음 유능한 인재를 등용해 바른 정치와 행정을 해야 하며, 언로(言路)를 개방해 신하와 백성들의 직언과 상소를 받아들이고, 지난날의 옳고 그름을 가려 도통을 확립하고, 소인과 척신을 멀리해야 한다."고 주장했다.

그러나 그가 지적한 바 소인과 척신들의 견제와 숱한 모함으로 그의 뜻을 제대로 실현시키지 못했다. 그는 "벼슬길의 풍파는 두렵고도 두려운 것이다. 뜻을 이루기 전에 화가 먼저 그 뒤를 따르니, 오직 밀려갔다 밀려오는 것으로 만족하되 누워 있는 것만 못하다."며 냉혹한 현실 정치의 어려움을 토로했다.

그런 소용돌이 속에서 몸은 더욱 피폐해지고 학문의 실현도 어려울 수 있겠다는 위기감에 휩싸였다.

서른일곱 살 때의 일이다.

고봉은 숱한 번민 속에서 퇴계에게 "사직하면 낭패 당할 근심이 되고, 사직하지 않으면 구차하게 앉아서 편안함을 도적질하게 될 것이니, 차라리 난처한 경우가 생긴다 하더라도 처음에 마음 먹었던 바에 한스러움이 없도록 하지 않겠습니까."라고 토로하고 이러지도 저러지도 못하는 자신의 속내를 드러내 보였다.

"용렬하고 잡되게 남의 대열을 따라다니며 세월만 보내고 있습니다. 몇 해 전부터 습(濕)으로 인한 마비증이 있어 손발을 펴는데도 근심이 있더니, 지금은 무릎이 아프고 잘 펴지지 않고 당기는 증세가 더 심해지고 있습니다. 이러한 기맥으로 보면 오래 살 수도 없을 듯 한데, 여전히 세속에 얽매여 애초에 먹었던 마음을 저버리고 있으니 평생을 회상하며 스스로를 슬퍼하고 있을 뿐입니다."

흡사 험한 세상을 다 산 늙은이의 자탄(自嘆)같은 소리다.


광산 너브실 마을에서 가장 유명한 집이 고봉의 13세손(孫)인

애일당에서 본 안채

기세훈의 고택 애일당이다. 애일당이 세워져 있는 집자리는 고봉의 6세손인 기언복(奇彦復)이 조선 숙종 때 처음 터를 잡은 것으로 전해지니 대략 400년의 역사를 헤아리고 있는 셈이다.

애일당 건물은 고봉의 12세손, 그러니까 우리나라 초대 사법연수원장과 서울고법원장을 지내고 지난 2015년 2월 108세로 타계한 기세훈 변호사의 선친(先親)이 어머니를 위해 애초에 광주에 지었던 사랑채를 그대로 너브실 마을로 이전해 와 양택의 자리에 정서향(正西向)으로 앉힌 것이고, 그 앞 오른쪽 마당 끝에 정남향(正南向)으로 자리 잡은 여자들의 살림 공간인 안채는 후대에 일반 농가 가옥 형태로 지은 것이다.

'애일당'이란 말은 글자 뜻 그대로 '오늘을 아끼고 사랑하라'는 말로 이 역시 고봉의 핵심 가르침이 그대로 녹아든 것이라 할 수 있다. 앞뒤 미닫이 유리창문으로 여민 툇마루를 내고 마루방 삼칸을 둔 일자형 겹처마 양식으로 얼핏 일본의 신사(神社) 건물을 연상시킨다. 사실 일제시대 때 일본인 건축 기술자들이 지은 건물이어서 일본의 건축양식과 한옥 양식이 혼재돼 있다.

그렇긴 해도 애일당의 당호 글씨며, 주련, 마루의 편액들을 보면, 이 애일당 주인의 편모를 가늠케 해 준다. 애일당이라는 당호 글씨는 서예가 성당 김돈희가 썼으며, 앞툇마루 네 기둥의 주련

위당 정인보의 편액

은 전각이며 글씨로 일세를 풍미했던 위창 오세창이 썼다. 그런가 하면 위당 정인보가 '애일당 기(記)'라는 편액을 써 걸었다.

이들 모두 애일당 주인과 문향(文香)을 나누며 교유하던 당대의 재사(才士)들이었으니 애일당 주인의 풍모를 가히 짐작하고도 남음이 있다.

집 뒤 주산으로 흰 소가 누워 있는 형국의 백우산(白牛山)이 자리 잡고, 고택 전방에는 용을 연상시키는 구룡산(九龍山)이 조산(朝山)으로 자리 잡아 바가지 모양의 노적봉들이 둥글게 둥글게 이어져 흐르니, 애일당 터를 활처럼 휘돌아 나가는 황룡강 물줄

기와 더불어 이 터가 재물이 풍부한 상서로운 터임을 암시한다는
것이 풍수가들의 얘기다.


### 너브실엔 고봉의 체취가……

고봉 기대승은 조선조 때의 거유(巨儒) 퇴계 이황과 '사칠논변
(四七論辯)'으로 조선 성리학사에 뚜렷한 족적을 남겼다.

고봉이 46세라는 짧은 인생을 산 것에 비해 당대에 명망을 얻
을 수 있었던 가장 큰 이유가 어디에 있을까?

그것은 인물 됨됨이도 됨됨이지만, 무려 8년간 지속됐던 거유
(巨儒) 퇴계 이황과의 '사단칠정(四端七情)' 논쟁이었다.

고봉의 그릇 됨됨이에 대해서는 〈선조실록〉에 기록된 퇴계의
말이 그 대강을 헤아리게 한다. 1569년 퇴계가 벼슬길에서 물러
날 때 선조 임금이 물었다.

"학문하는 사람 중에 내게 얘기해 줄 만한 사람이 있는가?"

그러자 퇴계가 답하기를, "여러 학문하는 이들 가운데 기대승
이 글을 많이 보았고, 이학에도 조예가 가장 깊으니 가히 통유(通
儒)라 이를 만합니다. 다만 수렴(收斂)공부가 미진한데, 제가 이 점
을 부족하게 여겨 좀 더 공부하라고 일러 주었습니다. 그러나 이
러한 인물도 얻기가 쉽지 않습니다."

그런가 하면 먼 훗날 사학자 이병도는 그의 저서 〈한국유학사〉에서 '퇴계와 동시대의 학자'의 한 사람으로 고봉을 간략히 거론하면서 이렇게 평가했다.

"고봉은 자질이 탁월하고 기개가 높으며 뜻이 고매하였는데, 젊어서부터 학문에 뜻을 두어 그 조예가 고명하고 변론을 잘하였다. 일찍이 퇴계와 하서(김인후)에게 학문을 물었는데, 퇴계도 후배로 대접하지 아니하였다. 퇴계와 사칠이기(四七理氣), 격물·물격(格物·物格)을 강론할 때 그 논리가 명쾌하고 변론이 물 흐르듯 하였다. 다만 자신을 과신하는 버릇이 있어 퇴계가 늘 그것을 결점으로 여겼다."

당시 이순(耳順)을 바라보는 쉰아홉의 퇴계가 자신보다 스물여섯 살이 아래인 서른셋의 고봉과 편지를 주고받으며 사단칠정 논쟁을 이어 가는 동안에도 퇴계는 고봉을 같은 학문의 길을 가는 도우(道友)로 정중히 예우하면서 고봉의 얘기에 귀를 기울였다.

퇴계가 고봉에게 보낸 첫 편지를 소개해 본다.

벗들로부터 공이 사단칠정설을 논한 것을 전해 들었습니다. 나도 일찍이 스스로 문구(文句)가 온당치 못해 병폐로 여겨 왔습니다. 그것을 교정하고 논박해 주시니 더욱 엉성하고 잘못되었음을 알겠습니다. −사단이 발한 것은 순수한 이(理)이므로 선하지 않은 것이 없고

칠정이 발한 것은 기(氣)를 겸하고 있음으로 선도 있고 악도 있다고 하면 어떻겠습니까. 상대방을 이기려고만 하고 도를 헤아리지 않는 자는 끝내 옳은 이치를 갖지 못하고, 다만 천하의 공론을 기대할 뿐입니다. 도를 밝히는 데 서로 사사로운 의도가 없다면 두 사람의 의견이 반드시 한 가지로 맞아 떨어지는 날이 있을 것입니다. 이는 이치에 통달하고 학문을 좋아하는 군자가 아니라면 할 수 없는 일입니다.

궁극적으로는 '사람의 마음'에 관한 사단칠정 문제를 놓고 퇴계는 그것이 사물에 내재하는 물리적 법칙보다는 그것을 지배하는 도덕적 기준이 중요하다고 본 반면, 고봉은 이성적으로 무엇이 옳고 그른가 하는 문제가 중요하다고 보았다.

후학인 우암 송시열은 이러한 퇴계와 고봉의 사칠논변을 두고 이렇게 이야기했다.

"고봉은 박학하고 웅변을 갖춘 데다가 천인·성명(天人·性命)의 이치와 백가·중기(百家·衆技)의 학설을 한결같이 다 분명하게 가려내었다. 이에 퇴계가 자기의 견해를 많이 굽혀 따르고 밝고 넓은 경지를 홀로 보았다는 것으로 허여(許與)하였으니, 참을 잡고 방으로 들어오는 경우(제자가 스승보다 뛰어남을 비유한 말)라고 말할 만하다."

그러나 정치적인 현실, 그 시대와의 불화로 깊이 가슴앓이를 하던 고봉은 마침내 1570년 2월 벼슬을 내어놓고 물러난 뒤 이듬해 이른 봄에 낙향했다. 마흔세 살 때였으니 그가 죽기 두 해 전의 일이요, 벼슬길에 나선 지 열두 해 만의 일이었다.

"분초한 몸으로 어찌 의리와 도를 버리고 세상에 아첨하겠습니까. 세상이 자신을 용납해 주지 않는데, 끝내 연연하여 나라의 녹을 받아 먹고 영화를 기대한다면 이는 부끄러운 일이 아닐 수 없습니다."

고향으로 내려온 고봉은 스스로 시를 지어 비로소 찾은 마음의 평안을 누렸다.

> 숲 속 오두막에 조용히 살아도 밝고 빛나니
> 처음 서재를 지어 푸른 언덕에 잠겼어라
> 비탈의 몇 그루 대나무 밤비에 소슬거리고
> 고갯마루 외로운 소나무 노을에 하늘거리네

그러나 고향에서의 유유자적한 생활도 잠시, 마흔여섯되던 해인 1572년 성균관 대사성에 제수되고 다시 왕의 부름을 받았으나 병으로 왕명을 받는 일을 뒤로 미루고 고향집에 가기 위해 한강 나루로 나섰다.

이때 도성의 많은 명사들이 한강 나루에 나와 그를 전송했는데, 한 명사가 앞으로 나서며 고봉에게 물었다.

"사대부로서 사회에 몸을 세우고 처신함에 시종 지켜야 할 것이 있다면 무엇인가?"

고봉은 망설임 없이 "기(機)·세(勢)·사(死) 세 글자면 충분하다."고 답했다.

즉, 대개 군자의 출처는 마땅히 그 기미를 먼저 살펴 어긋나지 않아야 하고, 그 다음은 반드시 때를 알아 형세를 살펴 구차하게 되는 일이 없어야 하며, 끝으로 죽기까지 선한 도를 지키는 것으로 기약을 삼아야 한다는 뜻이었다.

그해 10월 천안을 거쳐 태인의 관사에 도착했을 때 그의 병세는 이미 위독했다. 그의 사돈 매당 김점이 급히 와서 할 말을 물으니 이렇게 대답했다.

"오래 살고 짧게 사는 것은 명이며, 죽고 사는 것은 하늘의 뜻입니다. 다만 어려서부터 재주가 조금 있어 글 쓰는 데 힘쓰다가 마침내 성현의 학문에 그 뜻을 두었는데, 중년 이래로 비록 얻은 바 있었으나 공부가 독실하지 못하여 뜻한 바에 부응하지 못할까 날마다 근심스러웠습니다. 하늘이 몇 년을 더 연장해 주어 시골에 노닐며 학자와 더불어 그 시종을 강론한다면 이 또한 큰 행

복일 것입니다. 그러나 병이 이미 여기에 이르렀으니 어찌하리
오……."

그 말을 듣고 김점이 다시 물었다

"집안일에 대해 하실 말씀이 있습니까?"

"하찮은 전답이 몇 두락 있으니 자손이 생활할 것입니다. 그리
고…… 내가 장차 죽을 것인 바 어찌 관청에서 죽겠습니까. 내가
사돈(김점)의 집에서 죽으려 하니 내일 꼭 떠나야 합니다. 사돈의
집에는 자부가 있으니 우리 집과 다름이 없습니다. 내 그대의 집
에 가서 죽고 싶습니다."

이렇듯 고봉의 병이 중함을 듣고 왕이 어의를 고봉이 머무르는
곳에 특파했는데, 그때의 어찰(선조 임금의 편지)에는 다음과 같이
기록돼 있다.

"이제 그대가 태인에 도착하여 볼기에 종기가 나고 또 상기증
(上氣症:기관지가 안좋은 병)을 앓고 있다고 하니 실로 내 마음이 아
프다. 어의 오변에게 약을 지어 내려보내니 그대는 이 약을 먹고
몸을 조절하라."

그러나 그는 어의가 도착하기도 전에 눈을 감았다. 죽기 직전
에 아들 효증에게 "너는 경박하니 뜻을 함축하면 근심이 없을 것
이다."라는 마지막 말을 남겼다.

뒷날 효종 임금은 1655년 고봉을 기리는 제문을 지어 내려보 냈다.

그대의 정신은 잘 단련된 금과 같고 윤택한 옥과도 같으며 맑은 수 월과 같고 결백한 빙호(氷壺)와 같도다. 가정에 이어 오는 좋은 교훈 을 받았고, 학문은 정자와 주자를 본받았도다. 기운은 일세를 풍미 하였고, 이치는 천만 가지를 꿰뚫었도다. 널리 배워 요령을 얻었으 니 체용을 함께 갖추었도다. 뛰어난 식견과 학식이 있어 출중하였으 며, 조금도 곁눈을 팔거나 출세에 연연함 없이 명망이 높았으며, 일 찍이 뛰어난 조예로 어리석은 후생을 깨우쳤도다.
문정공 조정암 선생(조광조)이 돌아가신 뒤로 도(道)가 황폐해졌 으니 도산(이황)에서 계승하여 창도하였는데 진실로 뿌리와 줄기 가 되었다. 경(고봉)께서 도와 좌우로 접하여 바른 길로 인도하였도 다…….

그 고봉의 13세손인 기세훈 고택 애일당, 그 애일당엔 기세훈 선생이 반석을 마련한 고봉학술원이 차려져 있다. 애일당 뒤편 대숲을 돌아들면 고봉의 아들이 시묘살이를 했던 칠송정(七松亭) 과 고봉의 묘소가 있다.

너브실 한가운데를 흐르는 실개천을 끼고 돌담길을 따라 오르 면, 고봉의 학덕을 기리는 월봉서원이 노송들이 에워싸고 있는

산자락에 자리하고 있고, 그 오른쪽에는 대대로 후학을 가르쳐
온 서당 귀후재가 귀를 열고 솔바람 소리를 듣고 있다.

쉬엄쉬엄 이른 봄의 따사로운 햇살을 받으며 너브실을 돌아보
자니 문득 고봉의 날 선 음성이 귓가에 들리는 듯하다.

"사람은 살갗은 얇아도 마음갗은 두터워야 하느니라."

# 경포의 절승 부여안은
# 관동의 명가

이내번과 선교장

 "석양녘 현산의 철쭉꽃을 잇달아 밟아 신선이 탄다는 수레 타
고 경포로 내려가니, 십 리나 뻗어 있는 잔잔한 호숫물이 장송 울
창한 속에 실컷 펼쳐졌으니 물결도 잔잔하여 모래를 헤아릴 수
있겠구나. 한 척 돛단배를 띄워 정자에 올라가니…… 조용하구나,
이 경포의 기상이여…….”

 정송강(鄭松江, 정철)의 〈관동별곡〉 한 소절 주절대며 동해선 밤
기차로 강릉을 찾아간다. 하늘과 호수, 술잔과 마음속 이렇게 네
개의 달이 뜬다는 경포호. 그 들머리 옛 북평촌에 자리한 조선 제

일의 사대부 가옥 선교장을 찾아가는 여정엔 꽃 시샘하듯 춘설이 난분분해 객수를 더해 준다.

강원도 강릉시 운정동, 일명 배다리 마을. 이곳에 처음 터를 잡은 이내번의 손주 오은거사 이후와 교유했던 문사로 조선조 헌종 때 영의정을 네 번씩이나 지내며 세도가 풍양 조씨의 중심인물이었던 조인영은 선교장을 이따금 찾곤 했는데 〈활래정기〉에서 그 감회를 이렇게 적고 있다.

> 전에 내가 금강산으로부터 돌아오는 길에 경포호를 들러 백겸(이후를 이름)과 서로 만났다. 술을 들고 달밤에 배를 띄우고 그 집 문을 두들겨서 함께 즐겼다.
> 경포호와 동해를 그 집의 문과 정원으로 소유하고 있음에랴. 모든 골짜기 물이 함께 흘러들어 넓고도 출렁거리며 더함도 덜함도 없어 그 건너편 물가가 보이지 않으니 천하의 다시 없는 뛰어난 구경거리다.

무릇 당대의 제제다사(濟濟多士)들이 다투어 선교장의 수려한 풍정을 이처럼 칭송해 마지않았던 것을 보면, 필시 그 앉은 품 자체가 명당터에 자리한 양택일 성싶다. 땅에서 사람 난다 했던가. 하긴 신사임당과 율곡 이이가 태어난 오죽헌, 허균과 난설헌이 나고 자란 허초당을 지척에 두고 있음에랴……

## 족제비 떼 좇다 발견한 천하의 명당터

1965년 문화공보부에 의해 중요민속자료 제5호로 지정된 이 집은 집터가 뱃머리를 연상시킨다 하여 선교장으로 명명된 것인데, 지금도 이 자리에 터 잡게 된 내력이 전설처럼 전해 내려오고 있다.

안동 권씨가 아들 무경(이내번)과 충주에서 강릉으로 옮겨 와 저동(경포대 주변)에 자리를 잡은 뒤 가산이 일기 시작하자 좀 더 너른 터를 물색하기에 이르렀다.

그 즈음 평소 볼 수 없었던 족제비 몇 마리가 집 앞에 나타나더니 이윽고 한 떼를 이루어 서서히 서북쪽으로 이동하기 시작했다.

이를 신기하게 여긴 무경이 그 무리의 뒤를 좇았는데, 한 마장 (10리나 5리가 못 되는 거리)이 채 안 되는 거리에 다다르자 그 많던 족제비가 어느 야산의 울창한 송림 속으로 모두 사라져 버리더라는 것이다.

한동안 망연히 넋을 잃고 서 있던 무경은 정신을 가다듬어 주위를 살펴보고는 무릎을 쳤다.

이곳이야말로 하늘이 내리신 명당이다! 시루봉에서 뻗어 내린 그리 높지 않은 산줄기가 평온하게 둘러 있어 장풍을 하고 남쪽을 향해 서면 어깨도와 같은 부드러운 산등성이가 좌우로 뻗어

선교장의 전경

좌청룡 우백호의 형국이라 재물이 늘어나고 자손이 번창할 산세
를 지니고 있었다.

　더욱이 앞에는 얕은 내가 흐르고 오른편엔 안산, 왼편 시내 건
너엔 조산이 있어 주산에 대한 객산의 자리를 지키고 있는 훌륭
한 터였던 것이다.

　그리하여 무경은 그해에 집터를 지금의 자리로 옮겼다는 것이
다. 아무튼 이씨가는 이후 무경의 아들 이시춘과 이후로 이어지
며 가세가 날로 번창해 영동은 물론 강원도 일대에서 '만석꾼'으
로 불리는 대부호가 되었다.

## 분산 개방된 건물 배치…… 여러 지방 건축양식 혼용

선교장 건물은 우리나라 조선 사대부가 주택의 한 전형을 보여 주는 양식을 갖추고 있다. 한 건축 전문가는 "분산 개방된 건물 배치를 하고 있는 선교장은 통일감, 균형미 같은 짜임새는 없는 듯이 보이지만, 자유스러운 너그러움과 인간 생활의 활달함이 가득 차 보이는 것이 특징이다. 더욱이 북쪽 지방 유형인 이중 온돌방에 서울을 중심으로 한 중부의 한옥 양식인 ㄱ자형 안뜰, 그리고 이 지방 특유의 담과 담지붕, 이렇게 여러 지방의 특색이 혼용되어 건립된 점은 한국 건축양식 연구의 한 표본이 된다."고 말한다.

선교장은 서남향으로 배치되어 안채, 사랑채, 동별당, 서별당, 사당, 정자, 행랑채를 골고루 갖추고 있다.

전면에는 줄행랑이 서 있고, '선교유거(仙橋幽居)'라는 편액을 걸친 솟을대문이 자리 잡고 있는데, 잔 박석이 깔린 경사진 출입로가 특이하다.

이 솟을대문을 들어서면 안채로 통하는 중문간행랑이 나오고, 서쪽으로 가면 사랑마당에 이르게 된다.

선교장의 여러 건물 중에서 대표적인 건물이 사랑채인 열화당(悅話堂).

1815년(순조15) 오은거사 이후가 지은 이 열화당이란 당호는 중국 도연명의 〈귀거래사〉에서 따온 것이다.

"……세상과 더불어 나를 잊자. 다시 벼슬을 어찌 구할 것인가. 친척들의 정다운 이야기를 즐겨 듣고 거문고와 책을 즐기며 우수를 쏠어 버리리라……."

이 중 '친척들의 이야기를 즐겨 듣고(悅親戚之情話)'에서 '일가친척이 늘 열화당에 모여 정담을 나누고 싶다'는 의미로 '悅話' 두 자를 따왔던 것.

정면 네 칸, 측면 세 칸의 크기로 거의 일자형 평면을 이루고 있는 열화당의 구성은 대청, 사랑방, 침방, 누마루로 되어 있고, 대청 앞에 반 칸 너비의 툇마루가 붙어 있다.

특히 사랑채 앞면에는 서양식 차양이 가설되어 햇볕과 눈비를 가리게 되어 있으며, 방에는 서양식 갓전등이 설치된 것도 이채롭다.

단순한 민도리집 양식으로 팔작지붕에 홑처마를 하고 있다.

안채는 행랑채 동쪽에 있는 평대문으로 들어가는데, 부엌과 가장 어른이 되는 안주인이 거처하는 안방과, 대청마루를 사이에 두고 큰며느리가 거처하는 건넌방으로 구성되어 있다.

안채 역시 민도리집 양식으로 팔작지붕에 처마는 홑처마이다.

활래정

동별당은 안채 동쪽 부엌 앞에 ㄱ자형으로 위치하는데, 서쪽에서부터 온돌방, 대청, 마루방 온돌방의 순서대로 배치되어 있다.

행랑채 앞 넓은 터에는 인공섬이 조성된 커다란 연못이 있고, 1816년(순조 16) 이후가 건립하고 후에 이후의 증손인 경농이 중건한 활래정이 못에 네 기둥을 담그고 오두마니 서 있다.

창덕궁 비원의 부용정과 비슷한 모습으로 축조된 ㄱ자형으로 마루가 연못 안으로 들어가 돌기둥으로 받쳐 놓은 누각 형식이어서 흡사 건물의 일부가 물 가운데 떠 있는 모습이다.

처마에는 부연을 달고 사면 벽을 흙을 파지 않고 띠살 창호를 달았는데, 정자 안팎에 이곳을 찾은 문인 재사들의 편액과 주련이 걸려 있어 선교장 풍치의 빼어남과 선교장 주인의 교유의 폭과 격을 넉넉히 미루어 짐작케 해준다.

그 외에 안채 뒤꼍엔 장독대가 조성돼 있고, 뒤편 죽림 속에는 조상의 신주를 모신 사당이 터럭 한끝조차 범접치 못할 것 같은 칼칼한 사대부가의 자존으로 우뚝하게 받들어 모셔지고 있다.

## 지금은 9대 종손이 고택을 관리해

자신의 7대 낙향조인 이내번 이래 선교장에 얽힌 내력을 책으로 펴낸 바 있는 후손 이기서 씨는 자신이 나고 자란 선교장의 사

춘설이 내린 선교장 열화당 앞 사랑마당과 행랑채

계(四季)에 대해 유년 시절 기억의 일단락을 이렇게 그리고 있다.

선교장은 사계의 장원이라 부를 수 있겠다. 활래정의 앞논에 해빙의
물이 넘쳐 출렁이고 그 물 위를 봄바람이 파문을 일으키면 이곳의
봄은 시작된다. 안채 뒤 대밭에 죽순이 움트고, 매화가 그 짙은 자
태를 드러내며 못엔 연잎이 싹트고, 활래정 뒷산에 오죽순(烏竹筍)
이 얼굴을 내민다. 여름은 뒤 솔밭으로부터 온다. 짙은 녹음을 이루
는 노송, 고목에 깃을 친 온갖 새들의 울음소리, 매미와 쓰르라미 소
리로 한결 여름은 짙어 간다. 연꽃 봉오리가 솟고 꽃봉오리가 터지
면 활래정 누마루엔 술자리가 벌어진다…… 비오는 날, 연잎에 듣는
빗소리, 연잎에 괸 물이 쏟아지는 소리 역시 문객의 시정을 일게 한

다. 뒷산은 노송 수백 그루가 밀집한 솔밭이라 그 밑에 돗자리를 펴고 누워 땀을 식히는 정원이 되기도 한다. 소송에 깃을 튼 솔개가 날아올라 하늘을 맴도는 것도 한여름 오후의 정경이다. 가을은 풍요의 계절이다…… 그즈음 산을 온통 붉게 물들이는 것은 감나무다. 익은 감을 따서 아낙들이 한방에 모여 밤을 지새워 가며 깎아 새끼줄에 걸든지 싸리나무 가지에 꿰어 말린다. 그렇게 하여 곶감을 만든다. 밤나무 밑에서 아람 줍는 것도 가을의 한 정경이다. 앞내 둑에 서면 마주 보이는 백두대간의 줄기가 불타오르듯 붉게 물들고…… 선교장의 겨울 설경은 가히 일품이다. 눈에 덮인 노송, 그 위에 때때로 날아드는 학, 그건 선간(仙間)의 경(景)이다. 굳게 닫힌 활래정도 눈에 덮이고 언 내를 따라 경포호수까지 달리곤 한다…….

이제 사랑채를 쩌렁하니 울리던 장죽 터는 소리며 위세 높던 헛기침 소리, 행랑채를 부산히 오가던 아랫것들의 수런거림이 멎은 지 이미 오래.

관동땅 대부호의 옛 영화는 이끼 낀 골기왓장에나 묵지근히 내려앉아 숨을 고르고 있다.

# 은둔처사가 세상 시름 잊고
# 산 지상의 선계(仙界)

양산보와 소쇄원

 

 

 

우리 옛 조상들의 청죽(靑竹) 같은 올곧은 선비 정신이 오롯이
살아 폭넓게 오늘에 사는 우리의 정신사를 주재(主宰)해 오고 있
는 아주 독특한 문화 공간이 있다.

이름해서 누각과 정자, 통칭 누정(樓亭)이라 불리는 정서적 공
간이 바로 그것이다.

그 누정이 많기로는 전남이 단연 으뜸이고 그 여행의 출발은
뭐니 해도 광주의 무등산 기슭에서부터 봉산평야에 이르는 10여
킬로미터의 골짜기에 식영정, 면앙정, 환벽당, 취가정, 서하당 등

10여 개의 이름난 원림(園林), 누정이 들어차 '가사문화권(歌辭文化圈)'으로 불리는 정자골을 끼고 있는 담양에서부터다.

그중에서 기품 있기로 첫 손에 꼽는 개인 별서(別墅)인 소쇄원(瀟灑園)을 찾아가 본다.

### 양산보가 낙향해 은둔처 삼아 지은 개인 별장

광주에서 무등산 일주 도로를 타고 담양군 남면 쪽으로 20여 분간 차로 넘어가면 지석마을 표석이 있는 소쇄원 입구에 이른다.

우암 송시열이 쓴 글씨가 걸려있는 광풍각(左).
김인후의 시문편액(右)

　아니면 탈탈거리는 시외버스를 타고 광주시내(시청앞이나 서방시
장)에서 29번 국도를 따라 담양군 고서면을 지나 광주댐과 증암
천을 끼고 30여 분 달려가며, 옛사람들은 등줄기를 땀에 적시며
허위허위 걸어 다녔을 차창 밖의 남도 들녘과 산수간의 수려한
정취를 느껴 보는 맛도 쏠쏠한 재미가 있다.

　소쇄원은 1530년대(중종 25년 무렵)에 소쇄처사 양산보(1503~1557)
가 장원봉 바위계곡에 만든 조선 시대의 대표적인 개인 정원이고
행정구역상으로는 전남 담양군 남면 지곡리다.

　입구 표지판이 있는 큰길가에서 보면 초겨울 아침 햇살이 얇게
비껴 내리는데도 울울창창 서늘한 그늘을 드리운 대숲 사이로 얼
핏설핏 모정(茅亭)의 처마가 눈에 어른거린다.

　비스듬히 대숲 사이로 난 길을 따라 1백여 미터쯤 올라가니,

제월당과 현판

예의 그 이엉을 해인 모정 대봉대(待鳳臺)가 낯선 손님을 맞는다.

　이름대로 백 년에 한 번 오동나무에 내려앉아 운다는 봉황새를 맞는 곳이라지만 벽오동 나무는 찾아볼 길 없다.

　대봉대 마루에 걸터앉으니 사위에서 불어오는 서늘한 바람이 찌든 가슴의 때를 시원하게 씻어 내리는 듯 하다.

　잠시 눈을 들어 계곡 저편 등성이 자락을 보니 이제는 퇴락하여 수수해 보이기까지 하는 두 개의 정자, 광풍각(光風閣)과 제월당(霽月當)이 성긴 나뭇가지 사이에서 아침 햇살을 받으며 조는 듯 앉아 있다. 그 옛적 아마도 녹음이 장한 한여름에는 갖가지 이름 모를 풀벌레 소리며 시원한 계곡 물소리, 그리고 천년을 웅숭거리며 앉은 대밭의 쇄락한 바람 소리와 눈이 시리도록 휘영청한 달빛……

수문이 있는 담장과 외나무다리

세간 시름 잊고 외딴 산간에 묻혀 사는 은둔처사가 남은 생을 기꺼이 의탁하기에 부족함이 없었겠다 싶다.

### 김인후 · 송순 · 기대승 · 고경명 등 문사들과 교유해

양산보는 10여 세까지 시골에서 수학하다 13~4세에 상경하여 이상주의적 도학자인 정암 조광조(1482~1519)에게 학문을 배우고 벼슬길에 오르려는 야망을 품었었다.

그는 17세에 근정전 친시에 급제했으나 급제자가 너무 많아 둘을 제외하는 데에 걸려 불운하게도 낙방의 고배를 마셨다.

그러던 중 기묘사화(1519) 때 조광조가 전라도 능주(전남 화순) 땅으로 유배되자 그곳까지 따라갔다가 고향으로 다시 돌아와 1557년 병사할 때까지 이곳에 은둔해 살며 당내 내로라하는 문인 학자들인 하서 김인후, 면앙정 송순, 고봉 기대승, 제봉 고경명, 서하당 김성원, 옥봉 백광훈 등과 시문을 나누며 교유했다.

지금 남아 있는 제월당, 광풍각 현판 글씨를 썼다는 우암 송시열도 뒤에 이곳에 와서 3개월 정도 우거했다고 전해진다.

양산보는 이 소쇄원을 조성할 때 돌쩌귀 하나, 못 하나하나까지 세세히 그 자신이 간여했는데, 죽을 때는 "소쇄원을 팔지도 말고, 어리석은 후손에게는 물려주지 마라."고까지 유언했다고 한다.


## 비교적 옛 기품 그대로 간직하고 있어

대봉대 옆으로 난 담장을 따라가면 문루는 없어진 오곡문이 있고, 장원봉에서 흘러내린 계곡물이 담장 수문을 거쳐 외나무다리 밑으로 돌돌거리며 흘러내리다 작은 폭포 조담을 이루고 연지를 적신다.

1755년 4월에 제작된 〈소쇄원도〉 목판 판각에 따르면 애초에는 광풍각과 제월당 주위는 울창한 죽림으로 에워싸고 꽃계단 연지, 석담, 석천, 물레방아, 초정, 원담, 대나무다리, 외나무다리 등을 운치 있게 배치해 놓았고, 배롱나무, 매화, 장송, 벽오동, 단풍, 청죽, 국화, 복숭아 나무 등을 심어 기품 있는 정원을 만들었다.

이 소쇄원의 애초 모습은 제봉 고경명이 1574년 초여름에 쓴

〈유서석록(遊瑞石綠)〉 술기(述記)에 마치 그림처럼 잘 그려져 있다.

소쇄원은 양산보의 구업이다. 계곡물이 집 동쪽으로부터 와서 문과 담을 통해 뜰 아래를 따라 흘러간다. 위에는 외나무다리가 있는데, 외나무다리 아래의 돌 위에는 저절로 웅덩이가 이루어져 이름하여 조담(槽潭)이라 한다. 이것이 쏟아져서 작은 폭포가 되니 영롱하여 마치 가야금과 거문고 소리 같다. 조담의 위에는 노송(老松)이 서려 있는데, 마치 덮개가 기울어 못의 수면을 가로 지나가는 듯하다. 조그만 폭포의 서쪽에는 작은 집이 있는데, 완연히 그림으로 꾸민 방주 같다. 그 남쪽에는 돌을 포개어 높여서 작은 정자를 지었으니, 모습이 펼친 우산과 같다. 처마 앞에는 벽오동이 있는데, 매우 오래되어 가지가 반은 썩었다. 정자 아래에는 작은 못을 파서 쪼갠 나무로 계곡물을 끌어 여기에 대었다.

못 서쪽에는 큰 대나무 백여 그루가 아름다이 서 있어 아주 볼만하다. 대숲 서쪽에는 연못이 있는데 돌로 벽돌을 깔아 작은 못의 물을 끌어 대나무 아래로 지나가게 하였다.

연지의 북쪽에는 또 작은 방아가 있다. 일구(一區)의 보는 바가 수려하지 않은 곳이 없으니 하서(河西, 김인후)의 사십영이 이를 다하였다.

이 글의 끝에 언급한 것처럼 하서 김인후는 소쇄원의 마흔여덟 군데 아름다운 경치를 〈소쇄원 48영(詠)〉이란 시로 읊었다. 대략 그 시제(詩題)들을 보면, 작은 정자(소쇄정), 청계변 글방(文房), 가파른 바위 위에 흐르는 시내, 산 앞의 자라바위, 거친 자갈밭 길, 물고기 노는 작은 연못, 나무 통속을 흐르는 물, 구름 위 물레 방아, 대숲에 걸친 다리, 대숲의 바람 소리, 연못가에서 더위를 식히다, 매대(梅臺)의 달맞이, 너럭바위에 누워서, 담장을 뚫고 흐르는 골물, 살구나무 그늘 아래 흐르는 시내, 석가산 위의 풀과 나무, 자연이 만든 솔과 돌, 돌 위의 푸른 이끼, 탑바위에 앉아서, 맑은 물가에 거문고 빗겨 안고, 흐르는 물에 술잔을 돌리며, 바위에서 바둑을 두며, 계단을 오르며, 느티나무 옆 바위에서 졸다, 조담에서 멱감다, 단교의 한 쌍 소나무, 산 벼랑의 솔과 국화, 돌 받침 위의 외로운 매화, 오솔길 대나무 숲, 돌 틈에 서린 대 뿌리, 벼랑에 깃든 새, 황혼의 대밭에 날아든 새, 산골 물가에서 조는 오리, 여울가에 핀 창포, 처마에 핀 월계꽃, 복숭아 밭의 봄, 동대의 여름 그늘, 오동나무 그늘 아래의 작은 폭포, 유정에서 손님을 맞다, 개울 건너 핀 연꽃, 연못에 가득 찬 순채 싹, 계곡에 핀 배롱나무, 파초 잎에 듣는 비, 골짜기에 비치는 단풍, 너른 뜰에 내린 눈, 백설 위 붉은 치자, 양지바른 단의 겨울 낮, 긴 담에 걸려 있는 노래 등으로 가히 선경(仙境)이라 이를 만한 소쇄원의 풍치를 그렸다.

그런가 하면 면앙정 송순, 제봉 고경명, 송강 정철, 고봉 기대승, 옥봉 백광훈 등의 재사들이 소쇄원을 찾아 그 감흥을 시로 남겼는데, 그 편액들이 지금도 남아 전한다.

빗속에 소쇄원 매화를 보러 오다
- 송순
성근 빗속에 죽계변으로 너를 위해 오니
시정(詩情)이 나 비오는 뜻이 재촉함이 비슷하구나
일생의 도타운 정 형제와 같아
연년(年年) 눈 속에 필 것을 잊지 마오


소쇄원
- 고경명
늦잠에서 비로소 깨니
아침 안개에 옷깃을 적시네
유인(幽人)이 지나감을 알고 있는지
제시(題詩)가 대나무에 가득하도다


소쇄원 초정에 제하다
- 정철
내가 태어나던 해에 이 정자 세워
사람이 가고 오고 마흔 해로다

시냇물 서늘히 벽오동 아래로 흐르니
손이 와서 취해도 깨지를 않네

- 기대승

소쇄원에 티끌세상 자취가 없어
맑고도 높아서 마음 깨끗해
집 세운 지 얼마 되지도 않아
화목(花木)은 절로 그늘 이루고
자취 어루만지며 흥겨워하며
그리운 마음에 홀로 시 읊어
배회하다 우두커니 서 있자니
뜰 가에 새가 내려앉누나

- 백광훈

정자 안에는 학발(鶴髮)신선 보이지 않건만
시내 산을 변치 않고 옛 풍연(風煙) 그대로라
새로운 시를 지어 매화 향해 읽으니
빈 섬돌엔 눈과 달과 눈빛만 가득하다

470여 성상을 스쳐 오며 지금은 본래의 모습 상당 부분을 잃었
으나 그래도 비교적 원래의 큰 겉모습 만큼은 옛 정취를 상상키

어렵지 않게 남아 있다.

제월당에 오르면 하서 김인후가 지은 〈소쇄원 사십팔영〉 시문 편액과 송순, 기대승, 고경명, 김성원, 백광훈의 시문 편액이 걸려 있어 '산천은 그대로이되 사람은 가고 없더라'는 옛 사람의 싯구가 가슴을 때린다.

댓돌로 내려와서 중문을 나서니 다시 또 우르르 머래채를 흔들며 다가서듯 술렁거리는 청죽들, 그 음습한 대숲을 돌아나오는 차운 바람 가득 안고 하서 김인후의 시 한 줄기 읊조리며 제월당 · 광풍각을 돌아 내려온다.

푸른 산기운 가벼이 얼굴에 불어오고
흐르는 물 깨끗이 마음을 씻네

지당(池塘)의 꿈은 이미 오래어
고개 돌리니 새 울음소리

# 살아 있는 권력을
# 두려워하지 않는 삶

남명 조식의 산천재

 

 

퇴계 이황과 함께 조선 성리학의 양대 산맥이요, 실천실학의 비조(鼻祖)로 일컬어지는 남명(南冥) 조식(曺植, 1501~1572)이 '경의(敬義)의 도(道)'를 세우고 후진 양성에 힘썼던 마지막 11년간의 말년 행적을 고스란히 살필 수 있는 산천재(山天齋)를 찾아간다.

천리길 진주를 지척에 두고 들어선 산청 땅. 높낮은 지리산 영봉들이 에워싸듯 빙 둘러선 시천 들판자락 덕천강가에 산천재가 자리하고 있다. 남명은 늘그막인 이순(耳順)의 나이에 이곳에 들어와 집터와 자신의 묘소 자리를 잡기 위해 그 험하디험한 지리

산을 다섯 번씩이나 올랐다고 전해진다.

그렇게 해서 풍수상으로 '회룡고조(回龍顧祖)', 즉 산의 지맥(支脈)이 용처럼 구불구불 뺑 돌아서 본산과 마주 대하는 지세를 띤 지금의 자리를 잡았다고 한다.

산천재는 사적지 맨앞 낮은 둔덕 위에 자리 잡고 있는데, 그 소졸(疏拙)한 됨됨이가 '아, 역시 남명선생답구나!' 하는 생각을 갖게 했다. 그리 넓지 않은 평퍼짐한 언덕배기 위에 단청을 해 인산천재가 단청 없이 민낯인 작은 측실 건물 한 채를 거느리고 사당처럼 오두마니 자리 잡고 있다.

山而齋

山天齋

## 앞마당엔 450년 된 매화나무가……

이 산천재가 처음 세워진 건 남명이 61세 나던 해인 1561년이다. 남명이 〈주역〉에서 따온 산천재란 이름의 숨은 큰뜻은, 집에서 놀고 먹지 않고 어진 이를 기름에 군자가 이제까지 배운 지식과 인격을 실제로 행하며, 그 덕을 쌓는다는 것이다.

지금이야 재실 앞뒤로 아스팔트 신작로가 나 있어 시때 없이 차량이며 사람들이 오가지만, 처음 재실을 지을 시절만 해도 숲으로 에워싸인 산중이었음이 분명하다. 서남향으로 자리한 산천재 앞은 낮은 경사도로 비스듬히 흘러내린 언덕이 맑은 덕천강에 닿아 있고, 재실 옆 방문을 열면 멀리 서북쪽으로 지리산의 주봉인 천왕봉이 희끄무레 눈에 들어온다.

그리고 재실 앞 마당 왼편에는 사람 한길 조금 넘는 산천재 처마를 떠받치듯 남명이 산천재를 지을 때 심었다는 매화나무가 가지를 벌리고 서 있다. 산천재와 나이를 같이 먹었음이니 줄잡아 수령(樹齡)이 450년이다. 이름해서 '남명매(南冥梅)'라 하는데, '지리산 3매(梅)'의 하나로 꼽히고 있고, 이른 봄이면 남명의 혼을 되살려 올리듯 화사한 꽃을 피운다.

산천재는 정면 세 칸, 측면 두 칸으로 방 앞에 작은 툇마루를 냈다. 임진왜란 때 소실된 것을 순조 때인 1818년 남은 주춧돌을

산천재 방 안에서 서북쪽 지리산 천왕봉을 바라본 풍경

기준 삼아 다시 세운 것이다. 지금이야 기와지붕에 단청을 올리고 네 기둥에 주련을 내걸었지만, 애초 남명이 처음 지을 때의 모습이 그러했는지는 알 수 없다. 미루어 짐작컨대 남명의 인물 됨됨이나 성품으로 보아 정갈하게는 지었을지 몰라도 화려하게 단청을 올려 치장하지는 않았을 것이란 생각이 든다.

이 산천재는 남명이 이르듯 덕산 계곡에 자리한 정자로 후학들을 가르치던 강학당 같은 곳이었고, 살림집은 산천재 뒤편 2~300미터 떨어진 곳에 들어선 기념관 자리에 작은 규모로 자리하고 있었다고는 하나 그 흔적을 찾아볼 길이 없다.

산천재 뒤편에 있는 남명기념관

남명은 평생에 두 번 결혼을 했다. 첫 번째 부인인 남평 조씨는 남명이 22세 때 결혼했으나 병약해 친정인 김해에서 생활을 하던 터에 홀아비와 진배없는 그를 딱하게 여긴 지인들의 주선으로 52세 때 19세 처녀 은진 송씨를 측실로 맞는다.

나라에서 내리는 온갖 벼슬을 '조정에 도(道)가 서 있지 않음'을 이유로 모두 마다했던 터인지라 생활은 그닥 넉넉하지는 못했던 모양이다. 오죽하면 아버지가 돌아가셨을 때에는 장례비 마련을 위해 타고 다니던 말을 팔았다는 일화도 전해진다.

그러한 그의 서릿발 같은 선비 정신과 처세관이 고스란히 녹아

들어 있는 것이 '을묘 사직소(乙卯 辭職疏)' 일명 '단성소(丹城疏)'
다.

이 단성소는 남명이 55세 되던 해인 1555년, 임금으로부터 단
성현감 벼슬에 제수되었으나 취임하지 않고 이를 사직하는 뜻을
밝혀 올린 상소문이다.

그 내용은 국정의 폐단을 조목조목 논하고, 이를 개혁할 대안
을 제시한 것으로 당시의 시대적·정치적 상황으로 봐서는 감히
상상할 수도 없는 극언을 서슴지 않아 누구에게건 자신이 옳다고
믿고 있는 바에 대해서는 직언 직설을 쏟아냈던 남명의 기개가
그대로 전해 온다.

이 상소문 중에 "대비께서는 사려가 깊으시나 깊은 궁궐 속의
한 과부에 지나지 않고 전하(명종)께서는 어리시어 선왕의 대를
잇는 외로운 아드님에 지나지 않습니다."라는 구절이 있어 명종
임금과 그 모후인 문정왕후를 진노케 하고, 조정 중신들과 조선
지식인 사회를 경악케 만들었다.

'단성소' 전문을 소개한다.

선무랑(宣務郎)으로 새로 단성현감에 제수된 신 조식은 황공하여 머
리를 조아리고 주상 전하께 상소를 올립니다. 삼가 생각하건데 선왕
(인조)께서 신이 변변치 못함을 모르시고 처음 참봉에 제수하셨습니

다. 그리고 전하께서 왕위를 계승하신 후로 주부(主簿)에 두 번씩이나 제수하시었고 이번에 다시 현감에 제수하시니 두렵고 불안함은 산을 짊어진 것 같습니다.

그런데도 오히려 임금 앞에 나아가 천은(天恩)에 사례하지 못하는 것은 임금이 인재를 취하는 것이 장인(匠人)이 심산대택을 두루 살펴 재목이 될 만한 나무를 빠뜨리지 않고 다 취하였다가 큰 집을 짓는 것과 같아서 대장(大匠)이 나무를 취하는 것이지 나무가 스스로 쓰임에 참여하는 것이 아니라고 생각해서입니다.

전하께서 인재를 취하시는 것은 임금으로서의 책무이니 그 점에 대하여 신은 염려를 금할 수 가 없습니다. 이에 감히 대은을 사사로이 여길 수는 없으나 머뭇거리면서 나아가기 어려워하는 뜻을 끝내 측석(側席)아래 감히 주달하지 않을 수 없습니다.

신이 나아가기 어렵게 여기는 데는 두 가지 이유가 있습니다. 지금 신의 나이 60에 가까웠으나 학술이 거칠어 문장은 병과(丙科)의 반열에도 끼지 못하고 행실은 쇄소(灑掃)의 일도 맡기에 부족합니다. 과거 공부에 종사한 지 10여 년 만에 세 번이나 낙방하고 물러났으니 당초부터 과거를 일삼지 않은 것은 아닙니다. 설사 과거를 탐탁하게 여기지 않았다 하더라도 마음이 조급한 평범한 한 사람에 불과하고 큰일을 할 만한 온전한 인재는 아닌데 하물며 사람의 선악이 결코 과거를 구했느냐의 여부에 달려 있다는 것이 아닌데 이겠습니까?

미천한 신이 분수에 넘치는 헛된 명성으로 집사(執事)를 그르쳤고 집사는 헛된 명성을 듣고서 전하를 그르쳤는데 전하께서는 과연 신

을 어떤 사람이라고 여기십니까? 도가 있다고 여기십니까? 문장에
능하다고 여기십니까? 문장에 능한 자라 하여 반드시 도가 있는 것
은 아니며 도가 있는 자라면 반드시 신과 같지는 않다는 것을 전하
께서만 모르신 것이 아니라 재상도 모른 것입니다. 사람의 됨됨이를
모르고 기용하였다가 후일 국가의 수치가 된다면 그 죄가 어찌 미천
한 신에게만 있겠습니까.

헛된 이름으로 출세를 하는 것보다는 곡식을 바쳐 벼슬을 사는 것이
낫지 않겠습니까? 신은 차라리 제 한 몸을 저버릴지언정 전하를 저
버리지 못하겠으니, 이것이 나아가기 어려워하는 첫째 이유입니다.

전하의 국사가 이미 잘못되고, 나라의 근본이 이미 망하여 하늘의
뜻이 이미 떠나고 인심도 이미 떠났습니다. 비유하자면 마치 1백된
큰 나무에 벌레가 속을 갉아 먹어 진액이 다 말랐는데, 회오리 바람
과 사나운 비가 언제 닥쳐올지를 전혀 모르는 것과 같이 된 지가 이
미 오래입니다. 조정에 충의로운 선비와 근면한 양신(良臣)이 없는
것은 아니나 그 형세가 극도에 달하여 지탱해 나아갈 수 없어 사방
을 돌아보아도 손을 쓸 곳이 없음을 이미 알고 있기에 아래의 소관
(小官)은 히히덕거리면서 주색이나 즐기고, 위의 대관은 어물거리면
서 뇌물을 챙겨 재물만을 불리는데도 근본 병통을 바로잡으려고 하
지 않습니다.

더구나 내신(內臣)은 자기의 세력을 심어서 못 속의 용처럼 세력을
독점하고, 외신(外臣)은 백성의 재물을 긁어 들여 들판의 이리처럼
날뛰니, 이는 가죽이 다 해지면 털도 붙어 있을 데가 없다는 것을 모
르는 처사입니다.

신은 이 때문에 낮이면 하늘을 우러러 깊은 생각에 장탄식을 한 것이 한두 번이 아니며, 밤이면 멍하니 천정을 쳐다보고 한탄하며 아픈 가슴을 억누른 지가 오래입니다.

자전(慈殿: 명종의 모후 문정왕후)께서 생각이 깊다고 하지만, 역시 깊은 궁중의 한 과부에 불과하고 전하께서는 어리시어 단지 선왕의 한낱 외로운 후사(後嗣)에 불과합니다. 그러니 수많은 종류의 천재(天災)와 억만 갈래의 인심을 무엇으로 감당해 내며 어떻게 수습하겠습니까.

강물이 마르고 곡식이 비 오듯 내렸으니 이 무슨 조짐입니까. 음악 소리는 슬프고 옷은 소복이니 형상에 이미 흉한 조짐이 나타났습니다. 이러한 시기를 당해서는 아무리 주공(周公)과 소공(召公)의 재주를 겸한 자가 대신의 자리에 있다 하더라도 어찌할 수가 없을 것인데, 더구나 초개 같은 일개 미천한 자의 재질로 어찌하겠습니까. 위로는 위태로움을 만 분의 일도 구원하지 못하고, 아래로는 백성에게 털끝만큼의 도움도 되지 못할 것이니 전하의 신하되기가 역시 어렵지 않겠습니까. 하찮은 명성을 팔아 전하의 관작을 사고 녹을 먹으면서 맡은 일을 해내지 못하는 것은 또한 신이 원하는 바가 아닙니다. 이것이 나아가기 어려워하는 둘째 이유입니다.

그리고 신이 보건대 근래 변방에 변이 있어 여러 대부(大夫)들이 제때에 밥을 먹지 못합니다. 그러나 신은 이를 놀랍게 여기지 않습니다. 이번 사변은 20년 전에 비롯되었지만, 전하의 신무(神武)하심에 힘입어 지금에야 비로소 터진 것이며, 하루 아침에 생긴 것이 아니기 때문입니다. 평소 조정에서 재물로써 사람을 임용하여 재물만 모으고 민심을 흩어지게 하였으므로 필경 장수 중에는 장수다운 장수가 없고, 성에는 군졸다운 군졸이 없게 되었으니, 적들이 무인지경처럼 들어온 것이 어찌 괴이한 일이겠습니까. 이것은 또한 대마도의 왜놈들이 몰래 향도와 결탁하여 만고의 무궁한 치욕을 끼친 것인데, 왕의 위엄을 떨치지 못하고 담이 무너지듯 패하였으니, 이는 구신(舊臣)을 대우하는 의(義)는 주나라 법보다도 엄하면서도 구적(仇賊)을 총해하는 은덕은 도리어 망한 송나라보다 더한 것이 아니겠습니까.

세종 임금께서 남정(南征)하고 성종께서 북벌한 일을 보더라도 언제 오늘날과 같은 적이 있었습니까.

그러나 이와 같은 것은 겉에 생긴 병에 불과하고, 속에 생긴 병은 아닙니다. 속의 병은 걸리고 막히어 상하가 통하지 못하는 것이니, 이 때문에 경대부가 목이 마르고 입술이 타도록 분주하게 수고하는 것입니다. 근왕병(勤王兵)을 불러 모으고 국사를 정돈하는 것은 구구한 정형(政刑)에 있는 것이 아니고 오직 전하의 한마음에 달려 있을 뿐입니다.

모르겠습니다만, 전하께서 좋아하시는 바는 무슨 일입니까? 학문을 좋아하십니까? 풍류와 여색을 좋아하십니까, 활쏘기와 말달리기를 좋아하십니까? 소인을 좋아하십니까? 좋아하시는 바에 존망(存亡)이 달려 있습니다. 진실로 어느 날 척연히 놀라 깨닫고, 분연히 학문에 힘을 써서 홀연히 덕을 밝히고, 백성을 새롭게 하는 도리를 얻게 된다면, 덕을 밝히고 백성을 새롭게 하는 도리 속에는 모든 선(善)이 갖추어 있고 모든 덕화도 이에서 나오게 되는 것이니, 이를 들어서 시행하면 나라를 균평하게 할 수 있고 백성도 화평하게 할 수 있으며 위태로움도 편안하게 할 수 있습니다. 그러한 요체를 보존하면 모든 사물을 정확하게 볼 수 있고 공평하게 헤아릴 수 있어 사특한 생각이 없어질 것입니다.

불씨(佛氏: 석가모니)가 말한 진정(眞定)이란 것도 이 마음을 보존하는 데 있을 뿐이니, 위로 천리를 통달하는 데 있어서는 유(儒)나 불(佛)이 마찬가지입니다. 다만 인사(人事)를 행하는 데 있어 실제 실천하는 것이 없기 때문에 우리 유가에서 배우지 않는 것입니다.

전하께서는 이미 불도를 좋아하시니, 만약 그 마음을 학문하는 데로 옮기신다면 이는 우리 유가의 일이니, 어렸을 때에 잃어버렸던 집을 찾아와서 부모와 친척, 그리고 형제와 친구를 만나 보는 것과 무엇이 다르겠습니까?

더구나 정사를 하는 것은 사람에게 달려 있는 것이고, 사람을 임용하는 것은 자신의 몸을 닦음으로써 하는 것이며, 몸을 닦는 것은 도로써 하는 것입니다.

전하께서 사람을 등용하는 데 자신의 몸을 닦음으로써 하신다면, 유악(帷幄)안에 있는 사람은 모두가 사직을 보위하는 사람들일 것인데, 아무 일도 모르는 소신 같은 자가 무슨 필요가 있겠습니까?

만약 사람을 겉만 보고 취한다면, 자리 밖에는 모두 속이고 등지는 무리일 것인데, 주변 없는 소신 같은 자가 또 무슨 필요가 있겠습니까?

뒷날 전하의 덕화가 왕도의 경지에 이르게 되신다면, 신도 마부의 말석에서나마 채찍을 잡고 마음과 힘을 다하여 신하의 직분을 다할 것이니, 전하를 섬길 날이 어찌 없겠습니까?

삼가 바라건대 전하께서는 반드시 마음을 바로잡는 것으로 백성을 새롭게 하는 요체를 삼으시고, 몸을 닦는 것으로 사람을 임용하는 근본을 삼으셔서 왕도의 법을 세우소서. 왕도의 법이 법답지 못하게 되면 나라가 나라답지 못하게 됩니다. 삼가 밝게 살피소서. 신 조식 은 황송함을 가누지 못하고 삼가 죽음을 무릅쓰고 아룁니다.

이렇듯 나라에서 여러 차례 남명에게 벼슬을 내리고 왕이 친히 불렀는데도 끝까지 나아가지 않은 이유는, 바로 그것이 허명(虛 名)으로 선비를 유혹하고 농락하는 것이라고 믿었기 때문이었다. 그 이면에는 그저 이름뿐인 한직 벼슬에는 나아가지 않겠다는 확 고한 신념이 깔려 있었다. 굳이 실리를 이야기하자면, 선비는 오 로지 정신과 의리로 실리를 삼아야 한다는 허실(虛失) 개념을 가 지고 있었다.

조선 중기 지식인 사회에서 선비 기풍을 되살려 확립시킨 남명 의 진면모는 그의 인간관계에서도 확연히 드러난다. 그 대표적인 예가 퇴계 이황과의 교유다.

이들은 동시대를 산 지식인으로서 서로 갈등하고 비판하면서 각기 다른 길을 걸었지만, 목적지는 같이했고 서로의 학문적 높 이를 존중했다. 말하자면 이들은 가깝고도 멀었던 조선 도학(道

學)의 쌍벽이었다.

이들은 1501년 같은 해에 경상 우도(퇴계)와 경상 좌도(남명)에서 태어나 좌, 우도에 자리 잡고 많은 인재들을 길러냈다.

두 사람은 평생 만나지 못했으나 서로의 명성에 대해서는 익히 들어 잘 알고 있었다.

남명은 한번 결심하면 조금의 흔들림 없이 지켜 나갔다. 그는 의리에 조금이라도 벗어나면 용서 없이 질책했고 또 그렇게 가르쳤다. 그는 늘 방울(성성자, 惺惺子)을 허리에 차고 다니면서 그 소리를 들으며 자기 자신을 깨우쳤고, 칼을 머리맡에 두고 의리의 결단을 생각했다.

뿐이랴, 남명이 죽을 적에 평소 그의 곁에서 음식과 기거 시중을 들어주던 부실(副室: 작은 부인,첩)이 임종을 지켜보려 하자 완강하게 이를 못하게 했다. 부실이 임종을 지켜보는 것은 명분에 어긋난다는 생각에서였다.

이런 남명을 두고 어느 때에 퇴계가 이렇게 평했다.

"첫째, 남을 깔보고 세상을 가볍게 여긴다. 둘째, 뜻이 지나치게 높은 선비여서 중도(中道)를 맞추기 어렵다. 셋째, 노자 장자를 빌미로 삼고 있다. 따라서 남명은 편소(偏小)하고 하나의 절조(節操)만을 지키는 사람이다."

물론 그 지적들에 대해 훗날 시시비비 말이 분분했음은 두말할 나위가 없다.

뒷날 선조 임금이 조정 대신들에게 두 사람의 인품에 대해 이야기해 보라고 했다.

한 대신은 "남명은 천길 절벽에 선 것 같아 길을 찾아들기가 어렵고, 퇴계는 평탄한 길이 쭉 곧게 난 것 같아 길을 따라 들기가 쉽습니다."라고 하였다.

또 다른 대신은 "두 선생의 기상과 규모가 조금 다르기는 했으나 퇴계는 도를 밝히기에 힘을 쏟았고, 남명은 세상의 잘못을 바로잡기에 힘을 썼습니다. 그러나 그 마음 씀씀이가 같았고, 도를 위함도 한가지였습니다." 라고 하였다.

두 사람의 됨됨이와 인생관 · 현실관을 함축적으로 보여 주는 말이라 할 수 있다.

남명이 64세 되던 해에 평생에 단 한 번도 만나 본 적이 없는 동갑내기 퇴계에게 보낸 편지를 보면, 당대 대학자였던 퇴계에 대한 남명의 생각을 엿볼 수 있다.

퇴계에게 드림(與退溪書)
평생 마음으로만 사귀면서 지금까지 한 번도 만나지를 못했습니다.
앞으로 이 세상에 머물 날도 얼마 남지 않았으니, 결국 정신적 사귐으로 끝나고 마는 것인가요? 인간의 세상사에 좋지 않은 일이 많지만 어느 것 하나 마음에 걸릴 것이 없는데, 유독 이 점이 제일 한스러운 일입니다. 선생께서 한번 의춘(宜春)으로 오시면 쌓인 회포를 풀 날이 있으리라 매번 생각하고 있었는데, 아직까지도 오신다는 소식이 없으니 이 또한 하늘의 처분에 모두 맡겨야 하겠습니다.

요즘 공부하는 자들을 보건대 손으로 물 뿌리고 비질하는 절도도 모르면서 입으로는 천리(天理)를 담론하여 헛된 이름이나 훔쳐서 남들을 속이려 하고 있습니다.

그러나 도리어 남에게 상처를 입게 되고 그 피해가 다른 사람에게까지 미치니, 아마도 선생 같은 장로(長老)께서 꾸짖어 그만두게 하지 않기 때문일 것입니다. 저와 같은 사람은 마음을 보존한 것이 황폐하여 배우러 찾아오는 사람이 드물지만, 선생 같은 분은 몸소 상등의 경지에 도달하여 우러르는 사람이 참으로 많으니, 십분 억제하고 타이르심이 어떻겠습니까? 삼가 헤아려 주시기 바랍니다.

이만 줄입니다.

갑자년(명종19) 9월 18일<br>못난 동갑내기 건중(남명의 자호) 드림

1572년 72세로 남명이 세상을 떠나자 선조 임금은 '인자한 나라의 큰 어른'이라 칭하며 애도하는 제문(祭文)을 내려보냈다.

이 제문에서 "그 도달한 경지가 이미 높았으나 명예를 싫어하여 아름다운 옥을 품은 채 산림 속에 높이 은거하였도다……. 충

정 어린 상소는 남이 감히 못한 말을 하였고, 그로써 과인은 공의 학문이 깊고 넓음을 알아 이를 병풍 대신 둘러치고 아침저녁으로 보았도다……. 대로(大老)가 잇달아 세상을 떠나니 온 나라가 텅 빈 듯 본받을 만한 사람 없도다.” 하며 슬퍼했다.

평생을 벼슬하지 않고 처사(處士)로 일관한 남명 조식이 자신이 평생 갈고닦은 학문과 정신을 제자들에게 전수한 요람이 바로 산천재다. 이곳에서 공부한 제자들은 스승 남명의 학덕을 계승, 조선 사림(士林)의 중심이 되었고, 임진왜란 때에는 의병을 일으켜 국난 극복의 선봉이 되었다.

훗날 사학자 이병도는, “남명의 기상은 호탕하고 뛰어나면서도 서릿발 같은 준엄함이 있었다.”면서, “남명의 일생에서 우리는, 나라에 도(道) 있음에 나아가 벼슬하여 경륜을 펴고, 도(道) 없음에 물러나 홀로 그 몸을 바르게 하는, 그러면서도 세상사를 완전히 도외시하지 않는 유가적 처세관의 전형을 볼 수 있다.”고 평했다.

그러나 지금 이 나라에 도는 땅에 떨어지고, 남명 같은 선각은 자취도 없다. 다만 무심한 구름만 산천재 지붕 너머 바람 시린 지리산 봉우리를 넘나들 뿐이다.

# 계룡의 줄기 아래서
# 무릉도원을 꿈꾸다

명재 윤증 고택

명재고택을 찾던 날은 때마침 봄비가 내렸다. 마당 앞 왼쪽 석축을 쌓아 돌린 네모진 연못엔 벚꽃잎이며 살구꽃잎이 어지럽게 날려 떨어지니 몽롱한 꿈결에나 봄직한 꽃비다. '하늘은 둥글고 땅은 네모나다'는 자연의 큰 이치를 이 연못에 담아 만든 것이라니 이름해서 '방지원도(方池圓島)'다. 네모난 연못 윗쪽에 둥그런 섬 하나를 두고 배롱나무 두어 그루를 심어 집주인만의 작은 우주를 가꾸어 놓았다. '세상과 떨어져 숨어 살 때의 집'이란 뜻의 '이은시사(離隱時舍)' 현판을 사랑채에 내건 집주인의 마음을 충분

느티나무 언덕에서 바라본 명재고택 전경

히 헤아리고도 남음이 있다.

그 연못 위 대문간 앞 텃밭에 피어난 샛노란 유채꽃이 적막이 감도는 삼백 년 고택 처마를 우련하게 밝히니 봄은 성큼 고택에 들어와 앉아 있다.


### '옥녀탄금형' 명당에 자리해

행정구역상으로는 충남 논산시 노성면 교촌리 306번지. 멀리 계룡산의 한줄기가 흘러 내려와 옥녀봉을 만들고, 그 산봉우리를 등받이 삼아 배산임수(背山臨水)로 자리하니, 풍수가들은 명재고택 자리를 '옥녀탄금형(玉女彈琴形)', 즉 천상의 옥녀가 내려와 앉아 거문고를 타고 있는 형국의 명당 자리로 꼽는다.

백제의 노성산성이 지척이고, 왼쪽에 노성향교, 오른쪽엔 공자의 영정을 모신 노성궐리사를 거느린 것만으로도 이 고택의 간단치 않은 격을 미루어 짐작할 수 있다.

중요민속자료 제190호로 지정돼 있는 명재고택은 집주인인 윤증(尹拯;1629, 인조7~1714, 숙종40)의 호를 따 명명된 것이다. 이 집이 건립된 것은 1709년으로 85세에 세상을 뜬 윤증이 80세 때인데, 윤증이 죽고 난 뒤에는 윤증의 손자가 1725년부터 입주해 살기 시작한 것으로 알려져 있다.

윤증은 조선조 숙종 때의 대성리학자다.

특히 조선 시대 숙종조에 이르러 소위 서인(西人)정권이 들어서고 그 과정에서 노론, 소론의 양파가 대립, 노론인 우암 송시열 일파를 맹렬히 비판하고 공격함으써 소론(小論)의 영수가 된 인물이 윤증이다.

그는 인조 7년 서울 대묘동(大廟洞) 외가에서 태어나 숙종 40년 유봉정사에서 향년 85세로 생을 마감할 때까지 군주의 얼굴 한 번 보지 않고 앉아서 우의정에 올랐던 '백의(白衣)정승'이었다.

안채

윤증은 일찍부터 과거에 응시하는 일을 포기하고 자기 수양을 목표로 하는 공부에 매진하였기 때문에 학문을 하는 궁극의 목표를 뜻을 바로 세우는 일-입지(立志)와 실천을 돈독히 하는 일-무실(務實)에 두었다.

그렇기 때문에 윤증의 실학은 실천을 얘기하지 않고서는 성립될 수 없는 학문인 까닭에 '무실학(務實學)'이라 일컫는다.

즉 그는 몸과 마음을 가다듬어야만 생각이 바르게 되며, 생각이 바를 때 비로소 인간이 도리를 바로 알게 된다고 믿었다.

윤증은 특히 예학에 밝았다. 여기에서 그가 누구에게서 어떻게 예학을 배웠는지 살펴보자.

그는 열네 살 무렵부터 아버지인 윤선거를 따라 금산에 살면서 윤선거와 도의지교(道義之交)를 나누었던 유계에게 공부했다. 유계는 사계 김장생의 아들인 김집의 문인으로 특히 예학에 밝았다. 그는 일찍이 〈가례원류〉라는 책을 지어 윤선거와 함께 교정 보완 작업을 했으나 끝내지 못하고 세상을 떠났다.

그 후 그의 손자인 유상기가 이 책을 유계의 이름으로 발간하려 하자 이를 놓고 윤선거의 역할을 주장하는 윤증과 대립하게 되어 노론과 소론의 갈등이 빚어지기도 했다.

아무튼 이 〈가례원류〉는 그 자체로서만으로도 분명 윤증의 학문 연원과 예학 배경을 구성하는 중요한 요소가 된다. 그리하여 스물세 살 나던 무렵부터는 연산에 있던 김집에게 가 예학을 배움으로써 부자가 김집 문하에서 수업하게 되었다.

윤증의 학문에 대해서는 논쟁만큼이나 시시비비 이견이 분분했다.

박세채(1631~1695)는 "니산(尼山)은 덕행을 오로지 하고 모든 일이 치밀하며 효우(孝友)를 실행하고 향리에서는 근신하였으니 모든 사람들이 미치기 어려웠으나 단지 언론에 풍절(風節)이 부족하였다. 이로 말미암아 후학이 비록 검칙(檢飭)하는 아름다움이 있다 하더라도 점차 쇠퇴하기에 이를 것이다. 우재는 덕행이 부족하다. 오로지 기절(氣節)을 좋아하고 언론에 남음이 있기 때문에 문하가 오직 언어 문자를 좋아하여 피차가 함께 그 폐단이 있다."라고 했다.

즉 윤증에게는 '덕행을 오로지 한다' 하였고, 송시열에게는 '덕행이 부족하다'고 평했다.

윤증 자신도 "선인(부친 윤선거)의 학문은 내(內)요 실(實)이나 우옹(우암 송시열)의 학문은 외(外)요, 명(名)이다."하였다. 말하자면 윤선거의 학문은 내실을 추구하며 송시열의 학문은 외명(外名)을 좇는다고 구별함으로써 자신은 외명을 좇는 송시열보다 내실

을 추구하는 아버지 윤선거의 학문을 따르겠다는 뜻을 은연중에
드러내 보이기도 했다.

그럼에도 불구하고 당쟁의 회오리에 휘말려 윤증은 우암 송시
열과 유계 두 스승을 배반한 제자라는 이유로 역사상 부정적인
평가를 받아 왔다.

〈조선왕조실록〉이 그러한 윤증의 삶을 이렇게 보여 주고 있다.

행판중추부사 윤증이 졸(卒)하니 나이 85세였다. 임금이 하교하여
애도함이 지극하였고, 뒤에 문성이란 시호를 내렸다. 윤증은 이미
송시열을 배반하여 사람에게 죄를 얻었고, 또 유계가 편수한 예서를
몰래 그 아버지가 저작한 것으로 돌려 놓았다가 수년 전에 그 사실
이 비로소 드러나니 유계의 손자 유상기가 이를 노여워하여 편지를
보내 절교하였다. 윤증은 젊어서 일찍이 유계를 스승으로 섬겼는데
이에 이르러 사람들이 말하기를, 윤증이 전후로 두 어진 스승을 배
반하였으니 그 죄는 더욱 용서하기 어렵다고 하였다.
                                                        - 〈숙종대왕 실록〉

그러나 이후 수정된 〈숙종실록〉 기사를 보면 영욕이 엇갈린 윤
증의 삶의 편린을 연민 속에서 되뇌이게 한다.

명재를 우의정으로 삼았다. 윤증은 마음가짐이 순실하고 행동함이
지극하게 독실하였고, 격물치지와 신사명변은 비록 우월하지 않은

호기가 느껴지는 대문 없는 사랑채

것 같았지만 원만한 덕성과 정직하게 쌓은 존양이 은은하게 날로 드
러났고 삼가고 후덕한 가법과 온화하면서도 맑은 용의가 자못 근세
의 유자들이 미칠 바가 아니었다.

- 〈수정 숙종대왕실록〉

그는 학문의 길을 이렇게 일렀다.

학문하는 것은 오로지 독서에 있지 않고 오로지 기억하고 외우는 것
에 있지도 않다. 오직 몸과 마음으로 체인(體認)한다면 언제 어디서
나 학문하는 일이 아닌 것이 없다.

- 〈명재언행록〉권4

사랑채 누마루 방문을 열면 바깥 풍경이 그림처럼 눈에 들어온다

   아버지 윤선거는 대사간 윤황의 아들이자 우계 성혼의 외손으로 사계 김장생 문하에서 우암 송시열과 수학했다. 그 아버지가 그렇듯 뛰어난 학행(學行)으로 나라에서 여러 차례 벼슬을 내렸으나 모두 사퇴했다.

   1669년 아버지 윤선거가 죽자 이산(泥山) 유봉(酉峯, 지금의 논산)으로 이사한 뒤 후진 교육에만 힘썼다. 숙종 임금은 후대에 윤증을 우의정에 임명하고 매번 '유상(儒相)'이라 칭하면서 "사림(士林)의 중망(重望)을 지고 있다."며 귀히 여겼다. 아버지 때부터 갈등의 골이 깊어진 송시열이 죽고 난 뒤 자신의 계파인 소론들이 실권을 장악했을 때에도 나라에서 내린 벼슬을 모두 마다하고 초야에 묻혀 지내다 거유(巨儒)로서 생을 마감했다. 당대 회덕(懷德) 사람인 우암 송시열과 이산 사람인 명재 윤증이 앙앙불락하던 '회니(懷尼)의 반목(反目)' 논쟁은 유학사(儒學史)에도 기록돼 있는 유명한 계파 간의 논쟁이다.


### 담·대문 없는 호기 있는 사랑채

명재고택은 조선 시대 중기의 전형적인 호서 지방 양반 가옥이다. 전체 대지 면적 3천 평에 사랑채와 안채, 그리고 곳간채와 후원, 사당으로 구성돼 있다. 여자들만의 공간인 ㄷ자 모양의 안채와 일자형의 중문간채가 틔어진 ㅁ자형을 이루고 있고, 담과 대문을 없앤 사랑채가 명재고택의 특징이다.

얼핏 바깥 모양만 보더라도 두 단으로 쌓은 높다란 기단에서 호기(豪氣)가 느껴지는 사랑채는 남자들만의 공간으로 정면 네 칸, 측면 두 칸에 홑처마 팔작지붕을 하고 있다. 오른쪽 앞뒤 두 칸의 대청, 왼쪽 앞뒤 두 칸의 누마루, 중앙에 2×2칸 규모의 온돌방을 두었고, 앞면은 반 칸을 안으로 들여 툇마루를 두었다. 온돌방 뒤에는 반 칸의 고방(庫房), 누마루 뒷편에 1×2칸의 방이 꾸며져 있어 대문 옆 행랑채와 ㄱ자로 연결돼 있다.

곳간채 벽에 진열된 오지 그릇들

이 사랑채 쪽마루 한편에 언제, 누가 썼는지 알 수 없는 '도원인가(桃源人家)'란 편액이 걸려 있는 것으로 보아 사랑채 주인이 이곳에서 속세를 떠난 별천지인 도원경(桃源境)을 꿈꾸었던 건 아닐까 하는 생각이 든다.

한때 명재고택 사랑채를 찾는 손님이 하도 많아 하루에 쌀 한 가마니의 밥을 지었다고 전해져 오는데, 고택 사랑채 옆 4백 년 된 느티나무 언덕 아래 가지런히 정돈되어 있는 6백여 개의 장항아리들을 보면, 어렴풋이나마 부산스러웠을 옛 시절의 영화를 가늠해 볼 수 있게 한다.

집 안 구석구석 97세 종부(양창호 씨)의 손길이 닿아 반짝였을 고택은 지금 종부가 노환으로 병원 중환자실에 입원 중이어서 깊은 시름에 싸여 있다. 그런저런 사정은 아랑곳없이 지금 이 옛집엔 명재의 숨결을 더듬어 가는 낯선 관광객들과 한옥 민박 체험을 위해 찾아오는 투숙객들의 수런거림만이 돌담을 타고 넘는다.

# 청빈·검박(儉朴)이 빛나는 역설의 미학

맹사성과 맹씨행단

## 단출한 규모…… 명재상의 청빈한 삶 그대로

집은 그 사람의 삶의 철학과 원형질이 그대로 녹아 있는 공간이다. 살림살이의 규모가 곧 사회적 지체를 말해 주던 옛 전통사회에서 자신을 내려놓고 낮추며 살기란 쉽지 않았을 터다.

물신(物神)에 잡혀 각종 비리와 뇌물수수로 쇠고랑을 차야 될 철면피하고도 부도덕한 선량들이 버젓이 활보하는 썩어 빠진 이 사회에서 '눈 맑고 가슴 맑았던' 옛 선현의 삶이 그리워지는 건 결코 새삼스러울 일이 아니다. 청빈을 몸으로 실천하며 올곧게

고택의 단출한 모습. 앞뒤가 같은 '공(工)'자형의 고려시대 건축물이다

80 평생을 살다 간 고불(古佛) 맹사성(孟思誠, 1360~1438)의 가난했던 옛집을 찾아가 보는 것은 그래서 더욱 커다란 의미를 갖는다.

### 태고의 숲에 갇힌 '맹씨행단'

행정구역상으로는 충남 아산시 배방읍 중리 480-4. 맹사성이 직접 은행나무 두 그루를 심고 축대와 단을 쌓은 다음 그곳에서 후학들에게 강학(講學)을 했대서 붙여진 '맹씨행단(孟氏杏壇)'으로 불리는 옛 유허지다.

행단 전경

지금이야 그닥 멀지않은 지척에 KTX가 바람을 가르고 온양온
천 역까지 기차며 전철이 부산하게 오가지만 예전에 맹사성이 소
를 타고 한양을 오갔다던 옛길은 세월 저만치로 사라져 버리고
없다.

신창 맹씨(新昌孟氏) 세거지(世居地)라는 집성촌 입구에는 맹고
불의 고택과는 어울리지 않는 크고 작은 대리석 석물들이 후손들
의 위세로 늘어서 있다. 고택이 들어앉은 행단은 마을 가운데길로
100여 미터 들어간 맨 윗쪽에 설화산 한 자락을 깔고 앉아 있다.

행단 입구에 들어서자 울울창창한 2~300년 된 회화나무와 노

구궤정

송, 그리고 배롱나무며 갖가지 나무들에 덮여 하늘이 보이지 않았다. 때마침 쏟아지는 장맛비에 후득이는 나뭇잎 소리만 요란하게 귓전을 때린다. 흡사 태고(太古)의 원시림 속으로 들어온 듯한 착각이 들었다. 어쩌면 맹고불 영감이 이곳에서만큼은 찌든 속세의 티끌 하나도 들이길 거부하는 몸짓처럼도 느껴졌다.

입구 왼편의 '청백리 맹사성 유물기념관'을 끼고 나지막한 솟을대문으로 들어서서 돌담계단에 오르면, 바로 오른편에 서늘하게 하늘을 가리고 서 있는 우람한 은행나무 두 그루가 있는 행단, 멀리 중앙으로 고려 말 두문동(杜門洞) 72현의 하나였던 맹사성의 할아버지 맹유(孟裕), 아버지 맹희도(孟稀道), 그리고 맹사성의 위패를 모신 사당 세덕사(世德祠)가 나지막한 모습으로 눈에 들어온다. 고택은 너른마당 서편 맨 왼쪽에 돌담을 둘러친 견실한 모습으로 자리하고 있다.

## 고려 시대 옛 모습 그대로 간직한 고택

이 소담스런 고택은 고려 말의 명장 최영 장군의 아버지인 최원직이 1330년(고려 충숙왕17)에 지어 살다가 맹사성의 아버지 맹희도에게 물려준 것인데, 그것이 직접적인 인연이 됐는지는 알 수 없지만 맹사성은 최영 장군의 손녀사위가 된다. 즉 최영 장군이 맹사성의 처할아버지다.

고택은 정면 네 칸, 측면 세 칸의 '공(工)'자형 평면집이다. 중앙에 두 칸 대청을 사이에 두고 오른쪽, 왼쪽에 한 칸씩의 작은 온돌방을 둔 홑처마 맞배지붕 건물로 우리나라의 대표적인 고려 시대 살림집이다.

건축재며 문 창호(窓戶) 등 작지만 튼실한 고법을 간직하고 있는 건축물이다. 조선조 성종 · 인조 · 순조 때와 1929년 각각 중수한 기록이 있는데 애초 딸려 있었던 부엌채와 헛간채, 사랑채는 없어졌다.

맹사성이 세종 때의 권신으로 당대의 맹재상 황희, 윤회, 권진 등과 가깝게 지내던 처지였던 터라 살림을 늘렸을 법도 한데, 맹사성은 오로지 나라에서 주는 녹미(祿米, 월급으로 주는 쌀)로만 생활을 했다고 한다. 당대 이후에도 감히 그의 강직, 고결한 품성을 쉬 누르지 못해 옛적의 단출한 모습 그대로를 지니게 된 것으로 보인다.


### 맹사성 〈맹씨행단〉······ 인걸은 간데없고

누구나가 잘 알고 있듯이 조선 시대 청백리의 표상으로 일컬어지는 맹사성은 호가 고불(古佛), 본관은 충남 신창으로 어려서는 고려 말~조선 초의 대성리학자인 양촌 권근에게 배웠다.

그는 효성이 지극하여 10여 세 때 어머니가 돌아가시자 일주일간 단식을 하고 3년간 죽을 먹으며 묘 앞에 움막을 짓고 시묘살이를 해 고향에 효자문이 세워졌다.

고려 우왕 때 문과에 장원해 벼슬살이에 나선 이후 조선왕조에서도 승승장구해 세종 때에는 좌, 우의정을 지내기도 했다.

한때 대사헌 직책으로 있을 때 태종의 둘째 딸 경정공주와 결혼한 평양군 조대림을 비리 혐의로 심문하다 태종 임금의 노여움을 사 한주로 귀양 가 죽음을 당할 뻔 하기도 했다.

워낙에 청백 검박한 성품으로 만인의 표상이 되었는데 특히 음률을 좋아해 퉁소를 직접 자신이 제작해 불기를 즐겼다고 전한다.

그런 연유에서인지는 몰라도 고구려 왕산악, 신라 우륵과 함께 우리나라 3대 악성(樂聖)으로 일컬어지는 박연의 특별한 후원자였다.

맹사성이 나이 어린 후배로서 충청도 영동 출신 음악 천재인 박연을 등용시키는 데 각별한 관심을 가졌던 것은 결코 우연이 아니었다.

세종 임금 때 박연을 음악원의 사실상 책임자로 임명하는 것, 중국에 파견해 견문을 넓히게 한 것, 악기도감 설치에 관한 것 등등 세종의 문예장려 정책 구상과 실현에 맹사성이 직간접적으로 영향을 미쳤고, 박연은 그 최대의 수혜자였다.

일례로 1430년 박연이 국가적인 의식에서 향악을 그만두고 아악으로 바꾸는 것을 추진할 때 세종 임금은 반대론자들의 강한 반대에 부딪혀 심하게 동요하고 있었다.

이때 세종 임금을 설득시켜 박연의 주장을 관철시킨 인물이 맹사성이었다.

또한 1431년 1월 아악 연주가 크게 성공하여 조정의 모든 의

식에 아악을 연주한다는 결정을 내릴 때, 그리고 박연이 기녀(妓女)들의 무용 대신 소년 무용수를 쓰겠다는 가히 혁신적인 주장을 펴자 세종 임금은 대신인 맹사성을 불러 노골적으로 박연의 방식이 지나치다며 화를 냈다.

"기생이 춤을 추어서는 안 된다고 하지만, 만일 기생 대신 사내아이들을 썼다가 춤이 음악에 맞지 않기라도 하면 어떻게 하겠는가? 게다가 무용수에게 입히는 옷이 중국옷이 아닌데 중국식 아악을 연주한다는 것은 무슨 이유인가? 향악을 그만두어야 한다는 것은 결코 옳지 않다고 생각한다."

세종 임금은 흡사 모든 책임이 맹사성에게 있는 것처럼 맹사성을 몰아붙였다. 그러나 이에 밀리지 않고 박연의 주장을 관철시킨 장본인도 맹사성이었다.

실로 맹사성이 없었다면 박연의 음악과 개혁은 불가능한 일이었다. 맹사성의 특별한 편모를 보여 주는 일화라 할 수 있다.


이 고택은 지금 맹사성의 21대손인 맹건식(孟健植·81), 성낙희(成樂喜·81) 두 종손 부부가 '누구의 도움도 없이' 기울어 가는 행단을 지키고 있다. 종부인 성낙희 할머니는 "힘들어도 그렇게 우리 힘만으로 지켜 나가는 게 선조 할아버지의 정신을 받드는 것."

이라고 했다.

고택 뒤편 돌담 끝에 나 있는 기울어 가는 쪽문을 나서서 등성이 너머로 200미터쯤 가면 삼상당(三相堂)이라 부르기도 하는 구괴정(九槐亭) 정자가 울창한 회나무와 소나무 그늘 밑에 앉아 있다. 이 정자는 맹사성이 황희, 권진 등 두 재상들과 우의를 다지는 뜻에서 회나무 아홉 그루를 심고 정사를 논했다는 것인데, 지금은 두 그루만 겨우 살아 가쁜 숨을 몰아쉬고 있다. 세 재상이 모였대서 삼상당, 회나무 아홉 그루를 심었대서 구궤정이란 이름을 얻었다.

이 정자에 걸터앉으면 멀리 배방산 줄기와 온 산야가 한눈에 들어오는데, 그 적에야 천연의 모습 그대로였을 터이니, 가히 〈강호사시가(江湖四時歌)〉가 그냥 나온 게 아니지 싶었다. 학교 적 배우기도 했던 〈강호사시가〉를 읊조리며 행단을 나선다.

강호에 봄이 드니 미친 흥이 절로 난다
탁료계변에 금린어 안뒤로다
이 몸이 한가해 옴도 역군은(亦君恩.)이샷다.


강호에 녀름이 드니 초당에 일이 업다
유신(有信)한 강파(江波)는 보내나니 바람이로다

이 몸이 서늘하옴도 역군은(亦君恩)이샷다.

강호에 가을이 드니 고기마다 살져있다
소정(小艇)에 그물시러 흘니 띄여 더져두고
이 몸이 소일(消日)해 옴도 역군은 이샷다

강호에 겨울이 드니 눈 기픠 자히 남다
삿갓 빗기 쓰고 누역으로 오슬 삼아
이 몸이 칩지 아니해 옴도 역군은 이샷다.

# 섬김과 낮춤의
# 미학을 만나다

정여창 고택

조선 시대 영남의 대표적인 문벌(門閥)의 하나로 꼽혔던 하동 정씨(河東 鄭氏) 일두(一蠹) 정여창(鄭汝昌: 1450, 세종32~1504, 연산군 10)의 옛집을 찾아간다.

행정구역상으로는 경남 함양군 지곡면 개평리 262-1. 조선 시대 때 학문·문벌을 얘기할 때 '좌(左) 안동, 우(右) 함양'했는데, 바로 '우 함양'의 중심에 있던 대표적인 인물이 성리학자 일두 정여창이요, 그의 생가지가 있는 개평리는 함양의 중심에 자리한 하동 정씨 동족 부락이다. 평범한 자연부락인 이 마을을 감싸 안

날아갈 듯한 처마를 이고 있는 사랑채

고 있는 지형이 흡사 댓잎 네 개가 붙어 있는 '개(介)'자 형상이라 '개평마을'이라 이름 지었다고 전해진다.

　지나간 옛 시절의 꽃 같던 영화를 곱씹기라도 하듯 퇴락한 기와집들이 어깨를 맞대고 있는 이 개평마을 중뜸쯤에서 개울 건너 둥글납작한 박석이 깔린 고샅길 돌담을 따라가다 보면 저만큼 안쪽 막다른 곳에 일두고택이 있다.

### 너른 대지에 12개 건물 배치

　30년 전인 1984년 1월10일 중요민속자료 제186호로 문화재

큰지막한 섬돌이 위압감을 더해 주는 안채

지정을 받은 일두고택은 정여창이 죽고 난 뒤인 1570년대에 후손들이 중건한 것으로 알려져 있다. 문화재 지정 당시에는 소유자(정여창 후손)의 이름을 따 '함양 정병호 가옥'으로 명명했다가 2007년 정여창 생가지에 중건한 점을 반영, 정여창의 호를 따 '함양 일두고택'으로 바꿨다.

이 일두고택은 전체 3천여 평의 너른 대지에 열두 개동의 건물이 배치된 남도지방의 대표적인 양반 가옥이다. 이 가옥이 더욱 유명해진 건 박경리 원작의 대하드라마 〈토지〉를 1988년부터 꼬박 2년간 촬영했을 때 '최참판댁'의 모델이 되었기 때문이었다.

실제 원작소설의 배경인 평사리 최참판댁은 이 일두고택을 본따 지어진 것으로 알려져 있다.

이 집에서 단 하루도 산 적이 없는 정여창이 1498년 연산군 때 조선조 4대 사화(史禍)의 첫 사화인 무오사화에 연루돼 함경도 종성에 귀양 가 귀양살이 7년 만인 1504년 죽을 때까지 벼슬살이를 한 건 안음(安陰, 함양의 안의) 현감이 고작이었다. 그전엔 1490년(성종21) 40세의 늦은 나이에 급제, 예문관 검열에서 시강원설서로 자리를 옮겨 동궁을 가르치던 신진사류(新進士類)로서 주위의 질시를 많이 받았다. 벼슬길에 나아가기 전엔 일찍이 부친을 여의고, 무오사화의 빌미가 된 '조의제문(弔義祭文; 세조의 왕위 찬탈을 비난한 글)'으로 부관참시(剖棺斬屍; 죽은 후에 큰 죄가 드러나 관을 쪼개고 송장의 목을 베는 형벌) 당한 점필재 김종직(金宗直) 문하에서 공부하고, 지리산에 들어가 성리(性理)의 이치를 공부하며 수행해 학문적 바탕을 탄탄하게 쌓았다.


**피의 숙청에 신진 사류들 지다**

여기에서 잠시 무오사화(戊午士禍)의 대강을 살펴 독자들의 이해를 돕고자 한다.

무오사화는 무오년인 1498년 김일손 등 신진 사류(新進士類)가

유자광을 중심으로 한 훈구파에 의하여 화를 입은 사건으로 조선조 4대 사화의 첫 사화로 기록되고 있다.

무오사화는 사초(史草) 문제로 발단되었다 하여 '史禍'라고도 쓴다.

소위 사림파가 중앙에 등용되어 관계에 나오기는 성종 때부터인데, 그 중심인물은 김종직이었다. 그는 임금의 신임을 얻어 자기 제자들을 많이 등용하였는데 주로 3사(三司: 사간원, 사헌부, 홍문관)에 나름의 세력을 구축하기에 이르렀다.

그러면서 종래 조정의 권력을 쥐락펴락하던 문벌족인 훈구파를 '욕심 많은 소인배'라' 하면서 무시하기에 이르렀고, 훈구파는 또 훈구파대로 새롭게 등장해 세를 펴기 시작한 사림파를 '야생귀족(野生貴族)'이라며 업신여기게 되니 두 정파 간의 배격과 반목이 그치지 않았다.

이런 상황에서 특히 신진의 김종직과 훈구의 유자광이 일찍부터 사사로운 감정이 얽혀 갈등의 골이 깊은 데다가 김종직의 제자 김일손이 춘추관 사관(史官)으로서 훈구파 이극돈의 비행을 낱낱이 사초(史草)에 기록한 일로 인해 김일손과 이극돈 사이에도 틈이 생겨 있었다.

이런 지경에 이르자 유자광과 이극돈이 서로 김종직 일파를 증

오하는 마음이 일치하게 돼 마침내 그들에 대한 일대 보복에 착수하게 된다.

때마침 1498년(연산군4) 전례에 따라 실록청이 개설되어 〈성종실록〉 편찬이 시작되자 그 당상관이 된 이극돈은 김일손이 기초한 사초에 삽입된 김종직의 〈조의제문〉이란 글이 세조가 단종으로부터 왕위를 빼앗은 일을 비방한 것이라 하여 이것을 문제 삼아 유자광과 더불어 신진 사류를 싫어하는 연산군에게 고해 바쳤다.

연산군은 곧 김일손 등을 잡아다 심문하고 우선 이 일파의 죄악은 모두 그 우두머리격인 김종직이 선동한 것이라 하여 이미 죽은 김종직의 묘를 파헤쳐 관 속에 있는 김종직 시신의 목을 치는 이른바 부관참시의 형을 집행했다.

또한 김일손 ,권오복, 권경유, 이목, 허반 등은 간악한 파당을 이루어 선왕(先王)을 무록(誣錄)하였다는 죄를 씌워 죽이고, 정여창, 강겸, 표연말, 홍한, 강경서, 이수공, 정희량, 정승조 등은 난을 고하지 않았다는 죄로 귀양을 보냈다. 뿐만 아니라 김굉필, 이종준, 최부, 박한주, 임희재, 이계맹, 강혼 등은 김종직의 제자들로서 패거리를 이루어 〈조의제문〉 삽입을 방조했다는 죄를 물어 역시 귀양 보냈다.

한편 이극돈, 이세겸, 윤효손, 김전 등은 사초를 정리하는 수사관(修史官)으로서 문제의 사초를 보고도 보고하지 않았다는 이유로 죄를 물어 파면되었다.

이리하여 사화의 단서가 된 이극돈도 파면되기에 이르자 유자광만이 살아남아 그 위세를 더하게 돼 감히 그를 거슬리는 자가 없게 되었고, 신진 사림은 모두 된서리 맞듯 사기를 잃게 되었다.

비록 어찌할 수 없는 난에 휘말려 불운하게 생을 마감했지만, 그의 학문 세계는 높이 현창돼 훗날 중종 때 정몽주 · 김굉필과 같이 '동국도학(東國道學)의 종(宗)'으로 숭상되면서 의정부 우의정에 추증되었고 문묘에 배향되기에 이르렀다.

정여창의 학문은 단적으로 5경을 밝히고 성리의 깊은 이치를 연구하여 체용(體用)의 학을 구명하여 경명수행으로 이름을 얻었다.

그의 정신 세계는 곧 그의 호에서도 드러난다. '일두'의 '두(蠹)'자는 나무좀벌레를 뜻하는 '좀 두'자다. 즉 자신을 한껏 낮춰 아주 하찮은 하나의 좀벌레라 이른 것이다.

그것처럼 일두고택은 후손들이 그 정신을 받들어 집을 지었다는 것이 읽힌다. 전형적인 남도의 양반 가옥 구조를 갖추고 있으면서도 솟을대문의 규모며 높이, 안채 지붕의 높이를 한껏 낮춰 고졸(古拙)한 맛을 더해 준다. '섬김'과 '낮춤'의 미학이다.

## 건물 모두 담장 친 독립 공간

일두의 사상과 정신을 이어받은 후손들의 행적은 솟을대문에 내걸린 다섯 개의 효자정려(孝子旌閭) 편액이 대변해 준다. 나라에서 내린 효자정려이니 섣부르고 허세투성이인 양반가의 위세가 이에 미칠까 싶다. 붉은 주칠 바탕에 흰 글씨를 써넣은 편액들은 희끗희끗 바래어 지난 세월의 풍상을 말해 주는 듯하다.

솟을대문은 하인들 방으로 쓰였을 밖으로 창을 낸 문간채를 양 겨드랑이에 끼고 동향(東向)으로 자리 잡고 있다. 문간채는 둥글둥글한 냇돌을 황토에 개어 쌓은 화방벽으로 되어 있다.

솟을대문을 지나면 넓은 마당이다. 정면에 안채로 통하는 일각문이 있고, 오른편에 자연석 주춧돌에 원기둥을 세운 사랑채가 자리하고 있다. 정면 세 칸, 측면 한 칸의 ㄱ자형으로 겹처마 맞배지붕을 하고 있다. 잘 다듬어진 기단이 높아 흡사 건물이 들려 있는 형상으로 날렵한 처마는 하늘로 날아오르는 듯하다. 여덟모로 접은 아름다운 광창을 둔 3분합 불발기창은 필요에 따라 천장에 매달게 되어 있어 공간 활용도를 높였다. 사랑채 누마루 창

나라에서 내린 효자정려 다섯 개가 내걸린 솟을대문

고에는 남자 성기 모양의 석물을 세워 모셔 음기가 센 집터의 기
운을 다스리려 한 것은 여느 반가에서는 볼 수 없는 터풍수사상
이다.

　집 전체가 사랑채와 안채, 별당 안사랑채, 사당, 곳간 모두 별
도의 담장으로 구분돼 있지만, 반드시 사랑채를 거쳐 안채로 들
어가게 돼 있다. 그런 데다 사랑방 뒷문을 열면 안채의 기둥과 안
마당이 한눈에 들어와 바깥주인이 안채의 동정을 살필 수 있게
했다.

　이 사랑채 방문 위에는 글자 하나의 크기가 어린아이의 몸통만

한 편액들 -문헌세가(文獻世家) · 충효절의(忠孝節義) · 백세청풍(百世淸風)- 세 개가 압도하듯 보는 이의 머리를 짓누른다.

사랑채 뒤 별당 안사랑채로 이어지는 쪽담 앞에는 허리가 구부러진 3백여 년 된 노송(老松)이 사랑채 누마루에 기대어 졸고 있다.

사랑채 옆 곳간채 중간의 일각문과 중문을 지나면 안마당과 안채다. 정면 7칸, 측면 1.5칸의 일자형으로 남향으로 자리 잡았다. 일두고택 12동의 가옥 중에서는 건립연대가 가장 오래됐다. 대청마루 앞의 큼지막한 섬돌이 안채의 위풍을 느끼게 해 준다. 특히 중앙의 대청마루 왼쪽에 며느리가 기거하는 상방을 두었는데, 이 상방의 반 칸을 늘려 판벽의 띠살무늬가 아름다운 광창과 마룻바닥으로 꾸민 서재 겸 여름에 시원하게 사용하는 방을 두었다. 말하자면 시어머니와 하인들의 눈을 피해 안주인인 며느리가 편안하게 쉴 수 있는 자유공간을 내준 배려다.

안채 뒷편은 넓은 후원이다. 이 텃밭에서 손수 채소를 가꿔 먹었다는 것이다. 한창 시절엔 사람들 소리로 버글거렸을 이 고택엔 이젠 정적만이 감돈다. 이따금씩 이 고택을 찾는 민박 손님들에게 방을 내어주고 옛 시절의 영화를 희미한 옛 사랑처럼 더듬게 하고 있을 뿐이다.

# 옛사람의 집 인물

- 권돈인(1783~1859)

  조선 헌종 때 문신, 호는 과지 초당노인 우의정 권상하의 5대손. 1813년 문과에 급제, 1842년에 영의정이 되었다. 서도에 능하여 이름이 높았다.

- 권시(1604~1672)

  조선 효종 현종 때 학자. 호는 탄옹 명재 윤증의 장인.

  어려서부터 총명해 사람들이 안자에 비유했다. 인조와 효종이 불러 벼슬을 내렸으나 끝내 사양하고 현종이 한성부우윤을 명했으나 오래지 않아 사직하고 후에 다시 한성좌윤을 지내다 병으로 공주 자택에서 죽었다.

- 권진(1357~1435)

  조선 초기의 명신으로 찬성, 우의정 등의 벼슬을 지냈다.

- 기대승(1527~1572)

  조선 선조 때 성리학자, 호는 고봉.

  1558년 문과에 급제한 후 선조 때 벼슬이 대사간에 이르렀으나 뜻이 맞지 않아 사직하고 병을 얻어 귀향하다가 고부에서 객사했다. 어려서부터 독학으로 고금에 통했고 퇴계와의 사단칠정을 주제로 한 성리학 문답을 대당한 입장에서 8년간 나누며 사칠이기론을 주창한 것으로 유명하다.

- 김굉필(1454~1504)

  조선 초기의 학자, 호는 한훤당.

  어려서 김종직에게 배웠고 무오사화 때 김종직 일파로 몰려 희천 순천에 유배되었다가 갑자사화 때 처형당했다.

  형조좌랑을 지낸 뒤 사후 중종 때 우의정 벼슬이 내려졌는데 육경과 성리학에 정진하면서 실천을 중시하였다. 조선시대 오현(五賢)중 한 사람으로 꼽히고 광해군 때 퇴계, 조광조와 함께 문묘에 배향됐다. 조광조, 김정국, 이장곤 등이 그의 제자다.

- 김노경(1766~1840)

  추사 김정희의 부친으로 1805년 과거에 급제해 홍문관제학 벼슬을 했다. 그러나 시파에 가담해 쫓겨난 일도 있었다. 추사를 양자로 입양한 형 노영은 대사헌 벼슬을 지냈다.

- 김도희 (1892~?)

  근대 서예가, 호는 성당. 중추원 촉탁으로 있었다. 서화협회 회장과 선전 심사 위원을 지냈다.

- 김정희 (1786~1856)

  조선 말기 고증학자 금석학자 서예가. 자는 원춘, 호는 추사 완당 예당 시암 과파 노과 등 이조판서 노경의 아들로 그의 어머니 유씨가 24개월 만에 출산했다는 전설이 있다.

  북학파 박제가에게서 수업하고 1814년 28세에 문과에 급제 벼슬길에 나아간 후 벼슬이 병조판서에까지 이르렀다.

이미 20세에 아버지를 따라 중국 연경에 가서 당대의 거유로 명성을 떨치던 완원, 옹방강 등과도 막역하게 지냈다.

벼슬길에서 갖가지 사화에 연루돼 제주도, 북청 등 도합 13년간 귀양살이를 했다. 그는 금석 시문 묵화에 뛰어났을 뿐 아니라 독창적인 서법인 추사체를 이룩한 명필가이기도 하다. 또한 중국의 고증학을 들여오고 금석학을 연구해 북한산의 신라 진흥왕 순수비를 발견 고증한 것 등의 공로도 크다.


- 김종직(1431~1492)

  조선 초기의 학자, 호는 점필재.

  1459년 문과에 급제 성종 때 형조판서를 지냈다. 문장과 경술에 뛰어났고 야은 길재의 학통을 이어받아 김굉필, 정여창과 같은 명유 등 수백 명의 제자를 길러냈다.

  죽은 뒤 연산군 때의 무오사화로 부관참시를 당했다.


- 김집(1574~1656)

  조선 효종 때의 학자 . 호는 신독재, 사계 김장생의 아들.

  18세에 진사에 합격했으나 광해군의 어지러운 치정을 보고 아버지를 모시고 고향 연산으로 내려가 은거했다. 인조반정 후 아버지가 다시 벼슬길에 나서자 자신도 부여 현감을 거쳐 임피현령으로 있다가 벼슬길에서 물러났다.

  효종 때 여러 차례 벼슬을 내렸으나 끝내 사양하고 학문이 깊어 우수한 제자들을 길러 냈고 글씨에도 능했다.

- 김한신(1720~1758)

  조선 영조 때 문신으로 영의정 김흥경의 아들이자 추사 김정희의 증조부
  다. 13세에 영조의 둘째 딸 화순옹주와 결혼 월성위가 되고 벼슬이 오위
  도총부도총관, 제용감제조에 이르렀다. 특히 글씨에 능했다.


- 덕혜옹주(1912~1989)

  회갑을 맞은 고종이 궁녀인 복녕당 양귀인과의 사이에서 얻은 고명딸.
  한일 강제병합 후 '황족은 일본에서 교육시켜야 한다' 라는 일제의 강요에
  의해 1925년 강제로 일본으로 갔다.
  1931년 대마도 도주의 후예 소다케유키와 정략결혼 후 1932년 딸 정혜를
  낳았다.
  후에 정신병(조발성 치매증)이 악화되자 1955년 이혼하고 1962년 귀국해
  낙선재에 거처하다 1989년 지병과 실어증으로 76세를 일기로 세상을 떠
  났다.
  유해는 경기도 남양주시 금곡동에 있는 홍유릉에 묻혔다.


- 명성황후(1851~1895)

  고종의 비, 여성부원군 민치록의 딸, 8세에 부모를 여의고 빈한하게 지내
  다가 대원군 부인 민씨의 추천으로 16세에 고종의 왕비로 책봉되었다.
  그러나 고종 집권 내내 시아버지인 흥선대원군과의 정치적 반목으로 임
  오군란을 촉발시키고 갑오경장 후 친일세력을 압박하면서 친러정책을
  펴다 1895년 일본공사와 친일파가 보낸 자객들에 의해 경복궁에서 시해
  되었다.(을미사변)
  1919년 고종 승하 후 경기도 남양주시 금곡동 홍릉에 이장되었다.

- 맹사성(1360~1438)

  세종 때 상신, 호는 고불.

  어려서 권근에게 배웠고 효성이 지극하여 10여 세에 어머니가 돌아가자 7일간 단식하고 3년간 죽을 먹으면서 시묘살이를 해 고향에 효자문이 세워졌다.

  고려 우왕 때 문과에 장원으로 급제하였고 세종 때 좌우의정을 지냈다. 조선조 때 대표적인 청백리로 음률을 좋아해 특히 퉁소를 즐겨 불었다 한다.

- 맹희도

  고려 말엽의 문신으로 벼슬은 수문전제학을 지냈으며 군수 맹유의 아들이자 맹사성의 아버지다.

  고려 공양왕 때 관직을 버리고 고향 온양에 은거하였다. 효행이 지극하여 효자 정문이 내려졌으며 죽은 뒤 정회서원에 배향되었다.

- 송시열(1607~1689)

  조선 중기의 학자. 명신, 호는 우암으로 사계 김장생의 제자다.

  스물여섯 살 때인 1633년 사마시에 장원급제한 후 봉림대군(후일 효종)의 스승이 돼 장차 출세의 기반을 마련했다.

  효종 때에는 왕의 총애로 비교적 순탄한 벼슬살이를 하였으나 효종이 죽고 현종 숙종 때에 이르러서는 귀양살이를 하는 등 벼슬길도 순탄치 않았다.

  결국 왕세자 책봉문제로 조정에 올린 글이 숙종의 분노를 사 모든 관직을 삭탈당하고 제주로 귀양 갔다가 심문을 위해 서울로 올라오는 길에 접읍에 이르러 사약이 내려지자 제자 권상하 김만준의 손을 붙잡고 뒷일을 부탁한 후 사약을 마시고 세상을 떠났다. 그후 5년 뒤에 조정으로부터 관작이 복구되고 시호가 내려졌다.

주자학의 대가로 꼽힌다.


• 순원왕후(1789~1857)

조선 순조의 비 . 안동 김씨 영안부원군 김조순의 딸.

익종의 어머니이자 헌종의 할머니. 1802년에 왕비에 책봉됨. 철종이 즉위하자 수렴청정을 하고 족친 김문근의 딸을 철종비로 들이면서 안동 김씨 세도정치를 절정에 오르게 했다. 2남 3녀을 낳았고, 능은 인릉(仁陵)이다.


• 순정효황후(1894~1966)

조선 제27대 순종의 비. 윤택영의 딸이다. 1906년 13세에 동궁계비로 책봉된 후 이듬해 순종 즉위와 함께 황후가 되었다.

1910년 한일 강제병합 때 어전회의에서 친일파들이 순종에게 합방조약 날일을 강요하자 옥새를 치마 속에 숨기고 버티다 친정 큰아버지 윤덕영에게 빼앗겼다.

1926년 순종이 후사 없이 죽자 순종의 동생인 영친왕을 황태자로 책봉하고, 만년에 불교에 귀의, 낙선재에서 병사했다.

유릉(裕陵)에 순종과 합장되었다.


• 영친왕(1897~1970)

고종의 일곱째 아들로 대한제국의 마지막 황태자이자 순종의 이복동생.

어머니는 귀비 엄씨다.

1907년 황태자가 된 뒤 통감 이토히로부미를 후견인 삼아 11세 때 강제로 일본에 끌려가 일본 교육을 받았고 일본 육군사관학교를 나와 일본군 육군 중장을 지냈다. 비는 일본 황족의 딸 마사코로 슬하에 아들 이진과 이구를 두었으나 큰아들 진은 1년 만에 숨졌다.

1963년 뇌경색 악화와 대한민국 국적 회복으로 귀국, 병상에 있다 1970년 사망했다.


- 오세창(1864~1953)

  3 · 1운동 때 민족대표 33인 중의 한 사람. 호는 위창 .

  서울 출생으로 고종때 박문국 주사로 있으면서 한성순보 기자를 겸했다. 그 뒤 군국기무처 낭청총재 비서관, 농상공부 참의, 우정국 통신국장, 매일신보 사장, 민의원 의원 등 각 기관과 사회 단체장을 두루 지내다가 피난지 대구에서 별세해 사회장으로 장례를 지냈다.

  서화 전각에 능할 뿐 아니라 서화 감식에도 조예가 깊었다.


- 윤선거(1610~1669)

  조선 중기의 학자로 윤증의 아버지다. 우계 성혼의 외손 아버지는 대사간을 지낸 윤황으로 어려서부터 성균관에서 수학하고 생진양시에 합격했다.

  그러나 병자호란의 난리통에 강화도 피난 중 가족과 친구 부인을 잃는 참화를 당하고 남한산성 함락과 삼전도 굴욕을 당하는 국난 속에서 그의 아버지 윤황이 척화죄로 유배를 당하자 과거 뜻을 버리고 고향 금산으로 퇴거해 성리학 연구에 힘쓰며 김집을 사사했다.

유계 송시열 등과 성리학에 일가를 이루어 효종 현종이 여러차례 조정으로 불렀으나 끝내 사양했다. 송시열과 뜻이 맞지 않아 노론 소론당쟁의 전조를 만들었고 유계와 같이 펴낸 〈가례원류〉가 후에 두 집안 간에 저작권 문제로 싸움이 벌어지는 노론 소론간 당쟁의 도구가 되어 버리기도 했다.

- 윤선도(1587~1671)
  조선 중기의 문인. 호는 고산.
  어려서부터 총명하고 경사백가에 무불통지였을 뿐만 아니라 의학, 음양지리 등에도 두루 정통하고 시조에 뛰어났다.
  남인으로 광해군 때 진사시에 급제했는데 재야 때 북인 벼슬아치들의 죄상을 밝히는 상소를 올려 8년간 귀양살이를 하고 46세에 문과급제 후에는 집권파인 서인들의 핍박으로 낙향을 반복하고 9년간의 유배 생활을 했다.
  한때 봉림대군(뒷날 효종) 인평대군의 사부로 인조 임금의 신임이 두터웠다.

- 윤증(1629~1714)
  조선 숙종 때 학자. 호는 명재, 금산에 우거하며 아버지와 유계에게서 학문을 배웠다.
  아버지와 같이 뜻을 벼슬에 두지 않고 성리학을 전공해 특히 예학에 밝았다. 1669년 아버지가 죽고 난 후 유봉(충남 논산)으로 이사 간 뒤에는 주로 후진 양성에 온 힘을 쏟았다.
  1680년 이후 서인들이 득세하면서부터 수차례 등용권고와 함께 벼슬을 받았으나 일체 이에 응하지 않았다. 아버지 때부터 송시열과 사이가 좋지 않아 남인서인노론소론으로 갈라져 반목 다툼을 거듭하는 가운데서 송시열이 죽고 자신의 계파인 소론이 조정을 장악하고 그에게 참판 판서 찬성 우의정 벼슬을 계속 내렸으나 모두 사양하고 끝내 취임하지 않았다.

- 윤회(1380~1436)
  세종 때 명신으로 호는 청향당 1401년 문과에 급제해 벼슬길에 나갔다. 세종 때 집현전에 있으면서 맹사성과 함께 팔도지리지를 편찬하기도 했다. 태종~세종조에 당대의 천재이자 문장의 최고봉으로 이름을 떨친 재사(才士)다.

- 이구(1931~2005)
  영친왕의 둘째 아들로 일본에서 태어나 일본에서 자랐고 미국 MIT 공대에서 건축학을 전공했다. 한때 건축사와 대학 교수로 활동하기도 했는데 8년 연상의 미국인 부인 줄리아와 이혼 후 영구 귀국, 낙선재에 기거하다 2005년 일본 도쿄의 아카사카 프린스호텔에서 사망했다.

- 이방자(1901~1989)
  일본 황족 출신으로 영친왕 이은과 강제로 정략결혼을 했다. 1963년 한국 국적 취득 후 영친왕 이은과 함께 귀국, 창덕궁 낙선재에 기거하면서 장인 복지 사업에 헌신했다.
  광명시의 명혜학교와 수원의 자혜학교는 이방자 여사가 세운 지적장애아 교육기관이기도 하다.

- 이한철(1812~?)

  조선 후기의 화가. 호는 의원, 송석 도화서 화원으로 군수 벼슬을 지냈다.
  산수, 화조, 일문을 잘 그렸다.

- 정약용(1762~1836)

  조선 말기의 대학자. 호는 다산.

  나주가 본관으로 아버지 정재원은 진주목사를 지냈다.

  1789년 문과에 급제해 벼슬이 부승지까지 지냈다. 문장과 경학에 뛰어났
  으며 화성을 쌓을 때 과학적 기술을 활용해 정조 임금의 총애를 받았다.
  그러나 천주교 박해 사건인 신유사옥 때 이가환, 권철신, 이승훈, 정약종,
  정약전 등과 함께 체포돼 형 약종은 장사(매 맞아 죽음)하고 약전은 흑산
  도로 약용은 전남 강진으로 유배됐다.
  이후 19년간 귀양살이를 하며 실학을 집대성하고 '다산학'의 집대성이라
  이를 만한 〈경세유표〉〈목민심서〉〈흠흠신서〉 등의 저서를 펴냈다.

- 정약전(1758~1816)

  정약종, 정약용의 형, 남인학자로서 서학에 뜻을 두고 천주학 실천에 힘
  썼다. 당시 서학의 대가 이벽의 누이동생과 결혼하여 이승훈과 더불어
  전국적인 천주교 포교에 힘썼다. 1801년 신유사옥 때 흑산도로 귀양 갔
  고, 그곳에서 〈자산어보〉를 저술했다.

- 정약종(1760~1801)

  정약용의 셋째 형. 성호 이익의 문인으로 서학을 연구하고 천주교에 입
  교해 천주교 포교운동을 했다.

신유사옥 때 매 맞아 죽었으며 1984년 한국 순교자 103위 시성식 때 교황 요한바오로 2세로부터 순교 성인 품위를 받았다.

- 정여창(1450~1504)

  조선 성종 때의 학자, 호는 일두.

  일찍이 부친을 여의고 김종직 문하에서 학문을 배웠고 이후 지리산에 들어가 오경과 성리를 깊이 연구했다. 1490년 비교적 늦은 나이인 40세에 급제해 벼슬길에 나아가 예문관 검열, 안음현감 등을 지냈다.

  1498년 무오사화에 연루돼 함경도 종성에 귀양 가 죽었다. 정몽주 김굉필과 함께 '동국도학의 종'으로 추앙되었다.

- 정원용(1783~1873)

  조선 헌종 때의 대신. 1802년 정시 급제 후 72년간 조정 요직을 두루 거친 고신. 1848년 영의정에 올라 철종 고종 양조에 근면 성실, 검소하게 역사하고 영중추부사에 이르렀다. 고종 때 91세 하연(賀宴)을 받고 그해에 죽었다.

- 정인보(1892~)

  한문학자이자 사학자. 호는 위당, 담원, 서울 출신으로 1910년 중국에 유학 동양학을 전공하고 1919년 귀국해 연희전문 이화여전 세브란스 의학전문 중앙불교전문학교 등에서 국학과 동양학을 강의하는 한편 시대일보 동아일보의 논설위원을 지내기도 했다. 1951년 초대 감찰위원장에 취임한 후 한국전쟁 당시 납북됐다.

- 조식(1501~1572)

  조선 중기 학자, 호는 남명. 어려서부터 성리학을 공부해 통달했고 인품이 뛰어났다.

  중종 때 이언적의 천거로 헌릉참봉에 임명됐으나 불응하고 명종 때에 단성현감에 임명됐으나 역시 사퇴했다. 이듬해 퇴계 이황이 서신을 보내 벼슬길에 나설 것을 권유했으나 불응하다가 상서원 판관 벼슬을 받아 사정전에 나가 명종 임금을 알현하고 국난을 다스리는 도리와 학문의 방법을 표로 올리고 다시 산으로 들어갔다.

  이후에도 계속해 조정의 부름을 받았으나 끝내 응하지 않고 두류산 덕소동에 살며 산천재를 짓고 사색과 학문 연구에 전념했다. 그의 학행은 당대의 사표가 되었고 퇴계 이황과 더불어 이름 높은 학자로 추앙받았다.

- 황사영(1775~1801)

  중국인 신부 주문모에게 영세를 받은 천주교도로 정약용의 만형 정약현의 사위이다.

  북경에 있는 주교에게 국내에서의 혹독한 천주교 박해 전말과 그 대책을 비단에 적은 밀서를 보내려다 발각돼 체포된 다음 사형됐다. 이른바 '황사영 백서' 사건의 장본인이다.

- 황희(1363~1452)

  조선 초기의 명재상. 개성에서 출생, 27세에 문과에 급제했고, 태종~세종조의 주요 관직을 두루 지내다가 1449년 영의정을 마지막으로 86세에 정계를 떠났다. 청백리의 대표적인 표상으로 귀감이 되었다.

- 흥선대원군(1820~1898)

  본이름은 하응, 호는 석파 영조의 현손이자 고종의 아버지.

  20세에 흥선군에 봉해졌으나 순조, 철종대에 안동 김씨 척족의 세도정치와 그 횡포로 부랑아 같은 불우한 생활을 이어 가다 철종이 후사 없이 죽자 조대비와 결탁해 자신의 둘째 아들 명복을 세자로 삼고 자신은 대원군이 되어 섭정하며 정치적 권세를 한 손에 거머쥔다.

  그러나 경복궁 중건에 따른 나라 경제 파탄, 쇄국정책, 서원철폐, 천주교 탄압 등 연이은 실정과 명성황후와의 정치적 대립으로 앙앙불락하다 청나라에 끌려가 연금되는 치욕을 겪는 등 파란 많은 생을 살다 권좌에서 밀려나 아소정에서 머물다 타계했다.